# 페르시아의 종교

# 차례
Contents

03 페르시아의 고대 종교  11 근동 지역의 사상적 뿌리, 조로아스터교  56 초기 기독교의 강력한 라이벌, 미트라교  73 비밀과 신비의 마니교  87 사회 개혁의 외침, 마즈닥교

# 페르시아의 고대 종교

'이란' 하면 많은 사람들은 까만 천을 머리와 온몸에 두른 여성이나 모스크(Mosque, 이슬람교의 예배처)에 모여 기도하는 사람들부터 떠올린다. 이란인들이 무슨 생각을 하고 어떤 모습으로 사는지 알지 못하는 사람들에게도 이란에 대한 이미지가 종교적인 것만은 분명하다. 이란의 종교인구 비율을 살펴보면 시아파 이슬람이 89%, 수니파 이슬람이 9%, 나머지 2%를 조로아스터교와 바하이교, 기독교, 불교 등 기타 종교가 차지하고 있다. 수치상으로는 무교가 존재하지 않는 셈이다.

이란인은 신앙과 종교에 대해 이야기하기를 즐긴다. 이들과 만나서 이야기를 하게 되면 꼭 받는 질문 중에 하나가 종교가 무엇이냐는 것이다. 만일 당신이 그 질문에 '무교'라고 답한다면 그들은 놀라움을 넘어서 당신을 이상한 사람으로 여길 것이다. 신실한 무슬림(Muslim, 이슬람을 믿는 신자)인지 아닌지는 중요치 않다. 마치 인간을 창조한 신의 존재를 믿지 않는 사람은 야만인과 동급이라는 기색이다.

이란인에게 종교란 삶 그 자체이다. 종교는 이란인이 태어났을 때부터 주어진 삶의 규범이자 세상을 바라보는 가치 척도의 기준이 된다. 이란의 역사 교과서는 인류의 기원을 알라(Allah)가 아담과 하와를 창조한 데서 찾고 있다. 지극히 종교적인 시각으로 만들어진 이 교과서는 진화론이 논의될 여지조차 주지 않지만 누구 하나 이에 대해 이의를 제기하지 않는다.

누군가는 이슬람 혁명 이후 시아파 이슬람 전파에 열을 올리고 있는 이란의 이슬람 근본주의자들을 보며 이슬람의 모든 국가들이 그럴 것이라고 생각할 수도 있을 것이다. 하지만 다른 이슬람 국가와 비교하더라도 이란인들은 유독 종교적인 성향이 강하다. 종교성 짙은 이란인의 모습은 이란의 역사에서 꾸준히 발견된다. 이슬람이 유입되기 전의 고대부터 수많은 종교가 태동하여 발전을 이루었던 페르시아의 종교사가 그것을 보여 준다.

페르시아는 세계 주요 종교들을 품에서 성장시킨 요람과도 같았다. 과거 로마의 박해를 피해 페르시아로 건너온 기독교는 교리를 재정비하여 동방으로 뻗어나갈 수 있었다. 페르시아의 새 이름인 이란은 아랍인들의 민족 종교였던 이슬람을 세계 종교가 될 수 있도록 사상적, 문화적으로 뒷받침했다. 변두리에 있던 시아파를 전면에 내세워 이슬람 중심 세력의 한 축으로 끌어올린 것도 이란이다.

고대 근동 문화의 본거지였던 페르시아에는 이슬람교의 유입 이전에도 여러 종교들이 존재했다. 유일신 아후라 마즈다를 믿었던 조로아스터교, 근동 지역의 영지주의를 통합한 마니교, 사회 평등과 부의 공유를 주장한 마즈닥교가 대표적이다. 조로아스터교는 흔히 배화교로 잘못 알려져 원시 종교의 하나로 인식되기 십상이지만 실제로는 교리 기반이 갖추어진 고등 종교였다.

이들의 교리는 하나같이 이원론적 사상으로 무장하고 있다. 페르시아 종교의 체계화된 교리는 페르시아와 그 주변국에 걸쳐 폭넓게 영향을 주었고 현재까지도 그 흔적이 남아 있다. 특히 유대교와 기독교의 유일신 사상, 이슬람교의 구원론, 메시아론, 부활론, 천국과 지옥, 천사와 악마 등의 교리는 조로아스터교의 교리와 매우 흡사하다. 미트라교는 유럽으로 뻗어나가 기독교가 국교로 공인되기 전까지 로마의 한 시대를 풍미하였다. 기독교에서 말하는 안식일이 미트라신의 날인 일요일로 공인된 것이나, 세례식, 크리스마스트리 등 많은 기독교의 의식과 문화 역시 페르시아 고대 종교의 영향을 받은 증거다.

**이란의 옛 이름 페르시아**

'페르시아'라는 말에는 동화 속 미지의 나라를 보는 듯한 신비함이 느껴진다. 우리가 고대 근동의 문화를 자주 접하지 못한 때문이기도 하지만 더 크게는 페르시아 자체가 그 특징을 한마디로 정의내리기 어렵다는 데 있다.

페르시아의 역사와 문화, 종교를 공부하면 할수록 새로운 것들을 발견한다. 수천 년의 페르시아 역사 속에는 수많은 종족과 문화, 종교가 한데 섞여 어우러져 있다. 벗겨도 벗겨도 그 속을 알 수 없는 양파처럼 하나의 키워드로 명확하게 정의할 수 없는 나라가 바로 페르시아이다.

마찬가지로 페르시아 사람의 특징도 한마디로 표현하기 어렵다. 그러나 '누가 이란, 즉 페르시아 사람인가?'라는 질문에 대해 명확하게 구분할 수 있는 기준이 있다. 첫째는 페르시아인이 살았던 지역이다. 페르시아인들은 이란 고원에 거주했던 사람들로 제한할 수 있다. 카프카즈 산맥과 메소포타미아 평원 그리고 중앙아시아 산맥으로 둘러쳐진 고원지대가 이들의 주 활동 무대였다. 두 번째로는 페르시아어를 사용한 사람들로 구분이 가능하다. 페르시아어는 인도-유럽어 계열의 언어로 아리안족의 남하와 함께 도입된 언어이다. 이란과 아프가니스탄(다리어) 그리고 타지키스탄(타지크어) 지역에서 공용어로 사용하고 있다. 과거에는 인도와 터키 등지에서도 행정과 문학 용어로 페르시아어를 사용하였다.

## 아리안족의 유입

1935년 팔레비 왕조는 수천 년간 사용하던 '페르시아'라는 국호를 '이란'으로 바꾼다. 이란은 아리안족의 후예라는 뜻으로 '고귀하다'라는 의미가 담겨 있다.[1] 페르시아에 아리안족이 유입되기 이전의 국가에 대한 기록은 그리 많지 않고 이들이 이란 문화에 미친 영향력도 미미한 정도에 그친다. 현대 페르시아인의 대부분은 중앙아시아 스텝 지역에서 이란 고원으로 이주해 온 아리안족이다.

아리안족은 기원전 4000년에서 3000년 사이에 있었던 갑작스런 기후 변화로 인해 중앙아시아 스텝 지역에서 서남쪽으로 이동하였다. 이들은 말을 능숙하게 다루어 이동이 용이하였기 때문에 세계 각지로 빠르게 흩어졌다. 인도까지 내려간 사람들은 인도인의 선조가 되었고 서쪽으로 이동한 사람들은 유럽 켈트족의 선조가 되었다. 남쪽으로 이동한 아리안족은 이란 고원에 정착하여 이란인의 선조가 되었다.

아리안족이 이주할 당시 이란 고원을 지배하던 엘람 왕국은 아랍인과 유대인으로 대표되는 셈족 계열의 국가였다. 그러나 이들은 역사적으로 말을 잘 다루며 야금술에 능했던 아리안족의 남하를 막을 수 없었다. 아리안족은 남하를 계속하여 엘람 왕국의 영토 대부분을 차지해 결국에는 엘람 왕국을 무너뜨리고 이란 고원에 아리안족 최초의 제국인 메디아 왕국을 세웠다.

아리안족의 유입은 고대 페르시아의 문화를 통째로 변화시켰다. 이들은 페르시아어를 이란 땅에 새로이 들여왔다. 언어뿐 아니라 아리안족의 다양한 세계관, 종교관 등이 급속도로 페르시아에 퍼지기 시작하였다.

**페르시아 종교의 태동**

아리안족이 유입될 당시의 페르시아에는 다양한 세계관 및 종교관이 존재하였다. 그중 창조론을 살펴보면 이들은 세상이 일곱 단계에 거쳐서 창조되었다고 믿었다. 창조의 순서는 이렇다. 하늘이 처음 창조되고 물, 땅, 식물, 동물, 사람 그리고 마지막에 불이 만들어졌다. 첫 식물과 첫 동물인 황소 그리고 첫 사람이 창조되었을 때는 세상이 고요하였다고 한다. 첫 창조물인 식물, 동물, 사람이 제물로 바쳐진 이후에야 이들에게서 나온 씨앗들을 통해 죽음과 탄생이 순환하는 삶의 모델이 만들어졌다는 것이다.

또한 이들은 영적 존재를 믿었다. 마이뉴(Mainyus)라고 불리는 영적 존재들이 해, 달, 하늘, 불, 물, 바람에 깃들인다고 생각했다. 심지어는 종교적 행위에 사용되는 식물인 소마[Soma, 후에 하오마(Haoma)로 불림. 환각성분이 들어 있는 음료를 만드는 데 사용됨]에도 들어 있다고 믿었다. 아리안족의 종교관에서 가장 큰 특징은 이 세상을 진실의 영(아샤, Asha)과 거짓의 영(드루그, Drug)의 끊임없는 투쟁의 장소로 본다는 점이다. 이러한 종교관 및 세계관은 고대 페르시아 종교에 그대로 반영된다.

이 외에도 이란인들은 크바르나(Khvarna)라고 불리는 하늘에서 내려오는 축복을 갈망했다. 현대 페르시아어로 파르(Farr)라고 불리는 이 축복은 번영과 성공에 대한 신의 특별한 은총이다. 파르는 고대 페르시아 시대의 영웅을 그린 그림에서 머리 뒷부분의 아우라 형태를 띤 밝은 빛으로 묘사되어 있는데 부처나 무함마드의 그림에서도 볼 수 있다.

당시 아리안족은 계급 사회를 구성하였다. 저명한 근동학자 조지 두메질(Georges Dumezil)의 말에 따르면, 당시에는 각 사회 계층마다 특별히 숭배하는 신들이 있었는데 지배 계급인 사제들은 미트라(Mithra)와 바루나(Varuna)를 섬겼고 군인들은 인드라(Indra)를 추종했으며 일반 농민들은 윤택함을 가져다주는 여러 신들을 경배했다고 한다.

조로아스터교가 등장하기 전의 고대 페르시아에는 3단계의 사제 계급이 존재하였다. 최상위 계급인 자오타르스(Zaotars)는 '신성한 술을 붓는 자들'이라는 뜻으로 조로아스터 역시 이 계급에 해당하였다. 그다음 아트하르반(Atharvan)은 '신성한 불을 지키는 자'였다. 마지막으로 카비스(Kavis)는 '마술과 불멸에 대한 지식이 있는 자들'이었다.

고대 페르시아는 문자를 사용하기 이전 시대였기 때문에 구두약속은 문서로 만든 계약서와 같은 효력을 발휘했다. 정부나 경찰이 없던 시절이므로 사회 질서를 확립하기 위해서는 서로 간에 맹세한 협약이 매우 중요했다. 이들은 부족 혹은 공동체

사이의 약속일 경우에는 반드시 미트라 신에게 맹세를 했고 개인 간의 약속은 바루나에게 맹세를 했다(이 무렵에도 미트라는 언약, 맹약의 신으로 불렸다). 그러나 구두로 된 약속은 잘 지켜지지 않았고 끊임없이 사회 갈등을 일으키는 원인이 되었다. 이러한 문화는 진실과 거짓 영의 끊임없는 투쟁이라는 종교관을 만드는 배경이 되었다.

이 시기의 종교적 의식은 희생제가 대부분이었다. 당시의 사람들에게 희생의 의미는 우리가 알고 있는 '가치 있는 어떤 것을 포기하는 것'이 아니라 '거룩하게 하는 것'이었다. 일반적으로 희생제는 적절한 예물을 준비하고 자신을 예물과 동일시하는 의식을 한 후에 신에게 제물을 바치는 절차로 행해졌다. 희생제는 보통 창조를 생각하며 첫 동물인 황소를 제물로 택하고, 소마를 통해 환각상태에 빠져서 진행된다. 경우에 따라서 인간을 제물로 바치는 때도 있었으나 이러한 의식들은 조로아스터교가 공식 종교로 자리 잡으면서 대부분 폐지되었다.

# 근동 지역의 사상적 뿌리, 조로아스터교

　조로아스터교가 등장하기 전까지 인도-이란계 사람들은 수많은 신들을 믿었는데, 주로 자연 현상을 인격화시켜서 신으로 창조하였다. 이들은 사회, 군사, 경제적 기능을 발휘할 뿐만 아니라 도덕적 가치와 추상적 개념들을 상징하기도 한 이 신들이 자연 현상뿐만 아니라 인간의 삶에도 큰 영향력을 행사한다고 믿었다. 그래서 신들을 숭배하기 위해 희생제물을 바치고 신들의 축복과 보호를 받기 위한 기도를 하였다.

　이란의 고대 신관은 인도-이란의 신관에 직접적 영향을 받아서 아후라(Ahuras)와 데바(Daevas)로 구성된 두 세계로 나누어진 이원론적 세계관을 형성했다. 이 두 그룹으로 나누어진 신들은 본디 사회적 문제와 자연적 힘을 통제하는 그룹으로 구분되었으나 점차 선신과 악신의 대결 구도로 변형되었다. 이 변형의 과정은 인도와 이란 사회에서 동시에 일어났다. 단지 차이가 있다면 아후라가 이란에서는 선신이고 인도에서는 악신인 아수라(Asura)로 변화되어 받아들여진 것이다.

인도와 다르게 이란은 다신교 사회에서 이원론 혹은 유일신의 초기 단계 사회로 급속히 변화되었다. 그 결과 조로아스터교라고 불리는 이원론적 유일신 사회가 형성되었다.

### 조로아스터를 찾아서

조로아스터(Zoroaster)의 삶과 출생에 대해서 정확하게 알려진 것은 거의 없다. 그러나 여러 고대 문헌들을 종합해 볼 때 그는 대략 기원전 1500년에서 1300년 사이의 사람으로 추정된다. 조로아스터의 출생지에 대해서는 그가 아제르바이잔(Azerbaijan) 출신이라고 주장하는 사람도 있지만 이란 동부 혹은 중앙아시아 출신이라는 주장이 더 신빙성이 있다.

산 위의 조로아스터.

조로아스터는 그리스식 이름이다. 고대 페르시아어인 아베스타어로는 자라투스트라(Zarathustra)라고 불린다. 이 이름은 '낙타를 잘 다루는 사람'이라는 뜻으로 당시는 낙타를 잘 다루는 사람이 존경을 받았던 유목 사회였음을 알 수 있다.

조로아스터에 대한 이야기는 대부분 조로아스터교의 경전에 근거한다. 「가타스(Gathas)」(조로아스터가 유일신 아후라 마즈다를 찬양한 노래. 구전으로만 전해지던 것을 사산조 시대에 경전으로 편찬하였다.)[2]와 『작은 아베스타(Young Avesta)』라는 경전에 조로아스터의 삶과 가족에 대한 이야기가 기록되어 있다. 그밖에 조로아스터교를 믿는 사람들에게 오랫동안 전해 내려온 신화 속에서도 조로아스터의 행적을 찾아볼 수 있다.

조로아스터는 최상위 사제 계급인 자오타르스 집안 출신으로 어려서부터 사제 교육을 받았다. 일반적으로 고대의 인도, 이란 사제들은 7살 때부터 집을 떠나 종교 선생들에게 위탁 양육을 받는다. 조로아스터 역시 7살부터 사제가 되기 위한 교육을 받기 시작했다. 사제 교육에서 주로 가르치는 내용들은 종교 의식과 관례, 각 의식의 중요성, 현재의 삶과 죽은 이후의 삶에 대한 이론과 관계 그리고 다신 사회를 구성하는 여러 신의 특징들이었다.

사제로 입문하는 기초 과정을 마친 조로아스터는 여러 학생들과 함께 종교학교에 들어가 심화된 신학 교육을 받았다. 그는 교육을 받으면서 다신 사회의 종교학에 대한 모순점들을 발견하고 이 문제를 해결하기 위해 많은 선생들을 찾아다니며 토론을 벌였다. 그는 이 과정에서 많은 신학적 영감을 얻어 점차 자신만의 독특한 종교관을 발전시키기 시작했다.

일반적으로 고대 페르시아 사회에서는 15세가 되는 해부터 성인으로 간주하는데, 그는 성인이 된 이후에도 5년간 종교적 묵상과 수행을 계속하였던 것 같다. 가타스에 따르면 20살이 된 그는 종교인으로의 사명을 수행하기 위하여 세상으로부터 멀어졌다고 한다. 조로아스터는 자신의 욕망으로부터 벗어나기 위해 친구와 가족과도 멀어졌다. 이후에는 주로 빈민가에서 가난한 사람들에게 먹을 것을 공급하며 그들이 정착할 수 있도록 농사법을 가르쳤다. 그는 오랜 기간의 수행을 통해서 욕구를 통제하는 능력을 갖게 되었다.

조로아스터는 30세 되던 해에 비로소 그가 가르쳐야 할 진리를 받게 된다. 보후마나(Vohumana, 선한 생각)라고 불리는 신성한 영에 의해 아후라 마즈다의 보좌 앞으로 이끌려갔을 때의 일이다. 조로아스터교에 구전되어 오는 이야기는 이 상황을 상세히 묘사하고 있다.

조로아스터는 봄 축제에 참가하던 중 어떤 알 수 없는 힘에 이끌려 강가로 나오게 되었다. 조로아스터는 자신을 강가로 이끌었던 영의 힘에 의해서 다시 신성한 물이라고 불리는 강 깊은 곳에 들어갔다가 나왔다. 신성한 물은 그를 태고의 순수함으로 되돌려 놓았고 물 밖으로 나온 그를 감싼 옷은 빛처럼 밝아졌다. 강가로 그를 인도했던 신성한 힘은 자신을 아후라 마즈다를 보좌하는 '보후마나'라고 소개하였다. 그는 조로아스터를 유일신 아후라 마즈다에게로 안내하였고 조로아스터는 거기서 영적인 깨달음을 얻었다. 이후 아후라 마즈다로부터 포교

자의 사명을 받은 그는 이렇게 외쳤다고 한다.

"이 일을 위해서 당신은 저를 태초부터 당신의 창조물에서 구별하여 선택하셨습니다."(야스나, Yasna 44:11)

"저의 온 마음을 당신의 신성한 영 보후마나와 연합하기로 결정합니다. 저는 당신을 향한 우리의 행동에 복을 주실 것을 알고 있습니다. 저는 온 힘이 다할 때까지 당신의 가르침, 정의와 진리를 세상 사람들에게 가르칠 것입니다."(야스나 28:4)

포교의 사명을 받은 조로아스터는 이후 40세까지 여러 지역에서 설교를 하였지만 10년 동안 그를 믿고 따른 사람은 그의 사촌 한 사람뿐이었다. 40세부터는 본격적으로 포교 활동을 시작하였으나 여전히 교세의 확장은 더디게 이루어졌다.

조로아스터가 포교 활동을 하던 당시 페르시아의 사회는 부패하였고 사람들은 자기중심적이었으며 상황에 따라 여러 신들을 숭배하고 있었다. 그렇기 때문에 그가 가르치는 유일신 개념이나 정의와 진리에 대한 내용이 쉽게 받아들여지기는 어려웠다. 그는 끊임없이 유일신 아후라 마즈다를 전파했지만 이렇다 할 성과 없이 사람들의 반발만 거세어졌다.

"아후라 마즈다여! 당신이 저에게 말한 것을 사람들에게 전하는 것 때문에 저는 저희 동족들로부터 고난과 핍박을 받습니다."(야스나 43:11)

조로아스터는 그의 민족에게 거부당한 뒤 크게 낙담하여 선교 여행을 떠나기로 결심하였다. 하지만 그렇게 떠났던 여행에서 조로아스터는 포교의 대전환을 맞는다. 이란 동부 박트리아 제국의 전설적인 왕 비스타스파(Vistaspa)가 개종하면서 조로아스터교가 널리 퍼지게 된 것이다. 비스타스파 왕은 다신교, 다민족 사회의 분열된 상태보다 조로아스터교라는 새로운 유일신 종교가 나라를 하나로 연합시키는 데 효과적이라고 생각했다. 비스타스파 왕은 조로아스터교의 제사장으로 마기(Magi)종족을 추천하기도 하였다. 처음에 조로아스터는 이를 거부하였으나 소마 혹은 하오마라는 식물 음료를 통해 환각상태에 빠지는 관습을 없애는 조건으로 비스타스파 왕의 제안을 받아들인다.

조로아스터는 그의 나이 47세에 이르러서야 비로소 자신이 창시한 종교가 견고해지는 것을 경험한다. 이때 조로아스터는 세 번째로 결혼을 하게 되었는데 상대는 박트리아 제국의 장관이자 왕의 조언자의 딸이었다. 이 결혼으로 인해 조로아스터교는 박트리아 제국 왕실과의 관계가 더욱 공고해졌다. 이후로 조로아스터교는 왕실의 후원을 받으며 교세가 급속히 확장되기 시작했다. 박트리아 제국이 확장되면서 조로아스터교도 자연스럽게 확장의 기회를 얻을 수 있었다. 50세가 될 즈음에는 박트리아 제국을 넘어 페르시아 전역과 주변 지역까지 교세가 확장되었다. 조로아스터는 유일신 아후라 마즈다로부터 직접 계시를 들은 사람으로서 '하늘의 계시자'라는 칭송을 들었다. 그는

77세까지 살았다고 전해진다. 조로아스터는 아후라 마즈다와 가장 가까운 사람이었고 후에는 아후라 마즈다의 충실한 선지자로 임명되었다.

조로아스터는 창조 시대의 순수성을 회복하기를 원했다. 그는 불은 신성한 것으로 여긴 반면 하오마를 마시는 관습이나 동물의 희생제와 같은 의식을 악으로 여겨 철저히 거부하였다. 또한 다신교 문화에 만연한 미신, 마법, 악마에게 기도하는 관습 등 모든 악한 것들을 배격하였다. 그의 교리는 이해하기 쉬웠다. 그것은 그가 이란의 고대 종교에서 사용하던 친숙한 신들의 이름을 그대로 차용하였기 때문이다. 그러나 단지 이름만 같을 뿐이지 교리와 종교 의례들은 완전히 새로운 것들이었다. 조로아스터는 자신의 종교를 전하면서 점차로 페르시아인의 종교관, 세세관을 조로아스터교의 것으로 대체해 나갔다. 그 결과 페르시아인은 같은 아리안족임에도 불구하고 인도 아리안족과는 다른 새로운 세계관을 갖게 되었다.

조로아스터는 단순히 그 시대의 종교 지도자에 그치지 않았다. 그는 기존의 이란 전통을 그대로 답습하거나 수용하지 않고 과감하게 변화시키려 했던 사회 개혁가였다. 조로아스터교의 특성에 나타나 있듯이 불을 숭상하고 농업을 중시하는 교리는 다분히 유목 생활을 하는 이들의 삶의 방식을 바꾸려는 의도가 있음을 알 수 있다. 그는 페르시아인들의 오랜 관습을 개혁하는 데 성공하였고 현재까지도 이란인의 사상과 문화에 그 개혁의 영향이 남아 있다. 그래서 페르시아의 종교와 역사를 연구하는 학자들은 조로아스터를 인류 역사상 위대한 개혁가 가운데 한 사람으로 꼽는다.

이러한 개혁적 성향은 그가 발전시킨 조로아스터교의 교리에서도 찾아볼 수 있다. 조로아스터교에서 가장 핵심이 되는 교리는 선악의 투쟁을 다루는 이원론이다. 진실에 대한 갈망은 고대 페르시아 종교적 전통이 만들어 낸 가장 기본적인 윤리 규범 중 하나이다. 조로아스터는 이에 더 나아가 거짓을 혐오하는 것을 가장 중요한 교리로 삼았다. 그는 선한 생각과 선한 행위, 선한 말이 악한 생각, 행위, 말을 능가할 때 낙원에 갈 수 있음을 피력하였다. 악에 굴하지 말고 끝까지 투쟁하여 선으로 바꾸어 놓으라는 교리에 조로아스터의 개혁의 메시지가 그대로 녹아 있다. 그는 구원을 위한 다른 어떤 조건도 언급하지 않았으며 기득권층을 따로 대우하지도, 그 특권을 인정하지도 않았다. 이러한 그의 교리는 사회 기득권층과 많은 마찰을 일으켰다. 조로아스터교를 통해 이란인의 정신 속에 뿌리박힌 악에 대한 투쟁 정신은 악한 정권에 대항하여 일어난 이슬람 혁명에도 투영되었을 것이다.

## 조로아스터교의 교리

### 신론

아리안족의 고대 신들은 모두가 비슷비슷하여 각각이 절대적 주권자이고 최상의 능력자였다. 그러나 조로아스터교가 형성되면서부터는 아후라 마즈다만이 전지전능한 유일신으로 부각되었다. 그의 능력 중에 가장 강력한 것은 지혜이다. '신(神, God)'이라는 의미를 가진

페르세폴리스, 아후라 마즈다 형상 파라바하르(faravahar).

아후라와 '지혜'라는 의미의 마즈다가 합쳐진 아후라 마즈다의 이름은 '지혜의 최고신'이라는 그의 속성을 그대로 반영한다. 그는 자비로운 창조자, 절대 선, 모든 선의 근원이라고 불리기도 한다. 또한 밝음, 생명, 아름다움, 기쁨, 즐거움, 건강 등 모든 선한 것의 근원이다. 그는 하늘의 빛을 내는 모든 피조물, 즉 해, 달, 별을 창조하였으며 땅과 하늘 그리고 기타 창조물들을 사람을 위해 만들었다. 아후라 마즈다는 태곳적부터 존재하였고 현존하고 있으며 영존할 존재이다.

이 아후라 마즈다를 대적하는 존재가 있으니 바로 앙그라 마이뉴[Angra Mainyu, 후에 아흐리만(Ahriman)이라고 불림]이다. 그는 모든 악과 부정한 것들을 만들어서 아후라 마즈다를 대적하지만 결국 패하여 절대적 힘을 가진 아후라 마즈다가 세상을 지배하게 되었다. 아후라 마즈다는 후에 호르모즈(Hormoz)라는 이름으로도 불리게 된다.

그의 선지자 조로아스터는 그의 유일성과 절대 최고성 안에서 만물의 근본 진리가 있고, 그 안에 다양성이 있다고 믿었다.

『야스나』에서는 아후라 마즈다에 관해서 "그는 태초에 성스러운 영과 함께 만물을 창조하였다"(야스나 44: 7)고 언급되어 있다. 마치 구약성서 창세기 1장 1절의 내용과 비슷하다. 조로아스터는 이 최고신에게 최고의 영적 예배를 드릴 것을 강조하였다.

조로아스터교에 아후라 마즈다 외에도 경배의 대상이 있으니 이들을 아메샤 스펜타(Amesha Spentas)라고 부른다. 아메샤 스펜타는 '죽지 않는 신성한 존재' 혹은 '신성하고 영원한 존재'라는 뜻을 가지며 여섯 존재는 아래와 같다.

① 아샤(Asha): 정의, 질서, 공의.
② 보후마나(Vohumana): 선한 마음, 사상, 성향.
③ 크샤트라(Kshatra): 능력, 통치.
④ 아르마이티(Armaiti): 경건, 궁휼, 사랑.
⑤ 하우르바타트(Haurvatat): 완전, 안녕, 건강.
⑥ 아메레타트(Ameretat): 불멸, 영생

이들은 모든 천사들의 우두머리이다. 아후라 마즈다가 세상을 창조할 때에 그들은 인간의 운명을 결정짓는 일을 하였으며 각자의 창조 영역과 의무가 있었다. 이들은 아후라 마즈다와 인간들이 관계를 잘 맺도록 도왔으며 천국으로 갈 수 있는 길들을 안내하였다. 이들은 아후라 마즈다의 속성을 대변하는 각각의 존재였으며 추상적인 아후라 마즈다의 성품, 즉 선한 생각, 진실, 통치권, 겸손, 건강함, 완전함, 영원성 등을 실체로 나타내는 신성한 존재였다. 이들은 또한 각각 아후라 마즈다의 창조물의 책임자로 임무를 수행하였다.

### 창조론
조로아스터교에서 이란의 신계는 창조주 아후라 마즈다가 다스리고 있었다. 그는 전지하여 어둠과 악의 신인 아흐리만이 존재함을 알았으며 자신이 창조하지 않은 어둠의 창조물들이 곧 선한 세계를 공격할 것도 알고 있었다. 그러나 그는 자신이 결국 승리할 것을 알았기 때문에 전쟁을 준비하기보다 우주 만물을 창조하는 데 힘을 쏟았다. 그는 처음으로 아메샤 스펜타라고 불리는 천사장과 같은 영적 존재 여섯을 만들었다. 그리고 하위 천사들과 천체를 만들었다.

이 기간 동안 아후라 마즈다는 일곱 단계에 걸쳐 하늘, 물, 땅, 식물, 동물, 사람 그리고 불을 차례로 창조한다. 하늘은 반구와 같이 둥글고 단단한 아치형으로 땅 위를 덮고 있다. 이 하늘은 크리스탈처럼 투명하지만 단단한 돌 같은 것으로 만들어졌다. 물은 하늘 반구의 아래 부분에 채워져 있는데 땅 밑을 지나간다. 땅은 세 번째 단계에서 만들어졌다. 땅의 중심핵은 딱딱하며 지표는 부드러운 흙으로 덮여 있고 층층이 여러 겹으로 구성되어 있다. 산들은 나무처럼 땅 속에 뿌리를 박고 있는데 가장 큰 산은 하라(Hara, 이란 북부의 알보르즈를 뜻함)이다. 비가 처음 내릴 때 땅은 크바니라사(Khvaniratha)를 중심으로 하여 일곱으로 똑같이 나뉘었고 그것들이 그대로 나라가 되었다. 크바니라사에는 아리안의 왕국이라는 아이랴남 배자흐 (Airyanam Vaejah)가 위치하고 있으며 이곳은 세상의 중심 중에 중심으로 1년 중 10개월이 겨울이다. 이 아이랴남 배자흐 중심부의 높은 산에는 태양과 광명의 신인 미트라(메흐르)가 살았다. 이 미트라가 사는 곳이 바로 수많은 페르시아 신화의 중심 무대인 다마반드(Damavand)이다(비록 조로아스터교가 이전의 다신교적인 문화에 반기를 들었지만 아케메니드 페르시아 시대에 신화적인 몇몇 신들은 조로아스터교 안에 들어와 자리매김하였다. 메흐르 즉 미트라가 그중 하나이다). 네 번째 단계에는 식물이 만들어지고 다섯 번째 단계에 동물이 창조되었다. 모든 동물은 최초로 만들어진 황소에서 나왔다. 여섯 번째 단계에서 인간이 창조되었으며 모든 인간은 최초의 인간인 키유마르스(Kiumars)에서 시작되었다. 일곱 번째 마지막 단계에서 불이 창조되었는데 이 불은 아후라 마즈다가 거하는 곳의 영원한 불에서 유래되었다. 이 마지막 단계에서 아후라 마즈다는 해와 달, 별들을 만들고 각각의 창조물들에게 악의 세력과 전쟁이 일어날 때의 역할을 부여했다.

마침내 어둠의 심연 가운데 있던 아흐리만이 일어나 빛의 세계를 침략해 들어왔다. 아흐리만은 이때 아후라 마즈다가 만든 아메샤 스펜타를 비롯한 모든 창조물들에 대적할 각각의 악마들을 만들어 낸다. 그러나 아후라 마즈다가 아흐리만을 제압하여 악의 세력을 후퇴시켰다. 전쟁이 길어지자 아후라 마즈다가 아흐리만에게 휴전을 제의하였지만 아흐리만은 이를 거절한다(가타스에 이르기를 이것은 생명과 생명이 아닌 것 사이의 선택이었다고 한다). 아후라 마즈다는 대신 아흐리만에게 전쟁을 9,000년의 기간으로 한정하자고 제의했고 아흐리만도 이것에 동의한다. 아후라 마즈다는 곧 가장 신성한 조로아스터교 기도인 아후나 바이르야(Ahuna Vairya)를 암송하여 아흐리만을 혼미한 상태로 만들었는데 이 영적인 상태가 3,000년간 지속되었다. 아흐리만이 아후라 마즈다에게 굴복당하여 혼수상태에 빠지자 많은 악마들이 아흐리만을 깨우려고 노력하였지만 성공하지 못했다. 3,000년이 지난 후에야 '제흐'라는 악마가 아후라 마즈다의 주문과 같은 기도를 암송하여 아흐리만을 깨우는 데 성공하였다.

## 조로아스터교의 관례와 의식

조로아스터교의 가장 중요한 의식은 매일 드리는 다섯 번의 기도이다. 고대 아리아인들은 전통적으로 하루 중 세 번, 일출, 정오, 일몰에 개인 기도 시간을 가졌다. 조로아스터교는 여기에 새벽과 자정, 두 번의 기도를 추가하여 다섯 번의 기도를 드리는 것을 규칙으로 삼았다. 아후라 마즈다를 신봉하는 이들은 태양이 되었건, 신성한 화로가 되었건 간에 항상 불 앞에서 선 채로 기도했다. 기도 시간에는 신성한 끈으로 허리를 묶었다가 풀었다. 이 끈은 모든 아리아인 소년들이 청년이 되면 선물로 받았다.

조로아스터교는 아리안족의 남자들만 하던 의식을 여성들에게까지 확장하였다. 조로아스터교 교인들은 끈을 풀어서 양

손에 든다. 정의와 진리, 즉 아후라 마즈다의 성품을 상징하는 불을 향해 시선을 고정하고 아후라 마즈다를 찬양한다. 찬양이 끝나면 악신 아흐리만을 비난하고 저주하면서 끈의 끝을 때린다. 그것은 아흐리만을 모욕하는 행동이다. 그리고 다시 끈을 맨다. 이 기도 의식은 불과 몇 분에 지나지 않지만 조로아스터교인에게는 매일매일 가장 중요한 의식이자 자신의 신앙을 표현하는 방법이다.

성직자들은 기본적으로 매일 기도 시간을 성스럽게 여기고 지켰다. 시간이 지나면서 의식이 점차로 변형되어 매일 아침 17개의 「가타스」를 모두 암송했으며 나중에는 조로아스터가 금지한 하오마 음료와 동물을 이용하여 야스나 희생제를 드리기도 하였다. 조로아스터는 기도 시간의 의식을 위하여 야스나 하프탄하이티(Yasna haptanhaiti)라는 기도문을 만들었다. 이 기도문은 '선한 생각, 선한 말, 선한 행동'이라는 세 가지 조로아스터교 기본 윤리를 외우는 것으로 시작된다. 이 기도문은 조로아스터가 죽은 후에도 오랫동안 사용되었다.

수세기가 흐르면서 조로아스터교의 종교 의식은 성직자들에 의해 체계를 갖추게 되었다. 규례는 크게 불의 신전 안에서의 규례와 그 외 지역에서의 규례로 나뉜다. 가장 중요한 의식은 조로아스터교 교인으로서의 입회식이다. 입회식은 인도에서는 7살, 이란에서는 10살에 행해진다. 의식을 진행하기 위해 사람들은 축제 음식을 마련하고 입회자는 아베스타의 가장 긴 부분을 암송하는 절차를 거쳐야 한다.

조로아스터교인들은 불을 중시했다. 가정에서는 불만 집에 두고 나가는 일이 없고 항상 가족 중 한 명을 정하여 불이 꺼지지 않도록 지키게 하였다. 이렇듯 불을 귀중하게 여기는 조로아스터교인의 모습은 당시 사람들에게 매우 이례적인 것으로 비쳤다. 페르시아를 정복한 아랍의 무슬림들은 조로아스터교인들을 불을 숭배하는 사람들이라며 비웃기도 했다. 그러나 배화교라고 알려진 것과 달리 실제 조로아스터교인들은 불을 숭상하지 않는다. 불은 단지 순결함, 순수함, 영원한 생명 혹은 각각의 마음속에 타오르는 빛을 상징하는 것으로 아후라 마즈다의 속성을 대변하는 것이다. 이들은 불 앞에서 기도하면 아후라 마즈다에게 자신의 죄를 용서받을 수 있다고 생각했다. 불의 신전에 안치된 신성한 불은 끊임없이 타오를 수 있도록 하루에 다섯 번 연료를 공급해 주었다. 또한 기도도 하루에 다섯 번씩 동일하게 이루어져야 했다. 새로운 불을 태우는 일은 매우 정성스럽고 중요한 의식으로 정화와 재생을 의미했다.

조로아스터교 예배의 핵심 요소인 축제는 조로아스터교 교리에 내포된 '인간은 기뻐해야 한다'는 믿음에 기초하여 가장 중요한 특징으로 자리 잡았다. 기본적인 축제로는 가함바르스(Gahambars)라고 하는 여섯 번의 계절 축제가 있고, 죽은 자들을 기념하는 연말의 행사가 있다.

모든 창조물에 영이 깃들어 있다고 생각한 이들은 창조물에 대하여 경외와 감사하는 태도를 가지고 있었다. 항상 자연 그대로의 순수함을 유지하려고 노력했고 특히 물과 흙의 신성함

조로아스터교의 조장터.

을 유지하려 했다. 사람이 죽었을 때는 땅이 오염되지 않도록 조장으로 장례를 치렀다. '침묵의 탑'이라고 불리는 조장터에 시체를 옮겨 놓아 독수리들이 살을 뜯어먹어 정결케 하고 뼈는 태양빛으로 깨끗해지도록 하였다.

조장(鳥葬)으로 대표되는 장례 절차에서 시신을 처리하는 방식을 다흐마-네쉬니(Dakhma-neshini)라고 한다. 조로아스터교에 따르면 사람이 죽고 나면 약 세 시간 안에 부패의 악마가 죽은 시체로 달려든다고 한다. 그래서 이 시간이 경과하면 장의사와 같이 시신을 다룰 수 있는 특별한 사람들이 시신을 씻기고 수의를 입혀서 대리석에 올려놓는다. 물론 불결한 시신을 처리하는 사람은 일반인과 다른 지역에 분리되어 살아야 한다. 조로아스터교인들은 사람이 죽고 나면 그들의 영혼이 며칠 동안 시체 옆에서 서성인다고 믿어 조로아스터교 사제가 아베스타어(산스크리트어와 자매어)로 기도를 읊조려 이들 영혼이 제 갈 길을 가도록 도왔다. 이 강력한 기도로 인하여 영혼이 다시 귀신이 되어 세상에 돌아오지 않게 된다고 한다. 이때 가족들도 마지막으로 죽은 자와 작별 인사를 하고 3일간 그 옆에 불을 피워 놓은 후에 시체를 다른 곳으로 옮겨 놓는다. 시신을 옮기는 의식도 낮에 진행하는데 시신은 다흐메(Dakhmeh), 혹은 침묵의 탑으로 옮겨진다. 이곳에서 독수리들이 시체의 살들을 다 뜯어먹고 나면 남아 있는 깨끗한 뼈들을 수습하여 단지에 보관한다. 오늘날에는 이러한 조장을 금지하고 있기 때문에 죽은 시체를 땅에 묻지만 그 지역은 더럽혀졌다고 여겨 50년 동안은 그곳에서 경작을 하지 않는다. 애도식은 4일 동안 진행되며 죽은 영혼이 물질세계와 영적인 세계의 경계인 친바트(Chinvat) 다리에 도착하는 4일째 되는 날 애도를 마무리한다. 친바트 다리에 도착하면 삶을 정의롭게 잘 살았던 영혼은 아름다운 처녀를 만나고 그렇지 않으면 추한 노파를 만난다. 이 둘은 하나인데 다에나(Daena, 영석인 쌍둥이)라고 한다. 죽은 자의 영혼은 이 다리를 건너기 전이든 후이든 자신이 살아 있을 동안 행한 행동을 볼 수 있다. 이들은 죽어서 마트라신에게 심판을 받으며 그 후에 천국 혹은 지옥으로 가게 된다고 믿었다.

### 조로아스터교 사제

모베드라고 불리는 조로아스터교 사제는 일반 신도를 위해 다양한 예배를 인도한다. 조로아스터교인의 일생은 조로아스터교 예배 의식과 함께 시작하고 끝을 맺는다 해도 과언이 아니다. 출생 기념 예배로 시작하여 결혼, 가족의 대소사 관련 예배 의식, 매일의 예배 그리고 마지막으로 장례 의식까지 이 모든 예배를 모베드가 직접 찾아와서 진행해 준다.

모베드의 생활비는 신자들이 바치는 예배의 사례비와 신앙심이 깊은 사람들의 헌금으로 채워진다. 사제들은 자신에게 의식을 요청하는 가족들과 끈끈한 유대를 형성하고 유지하였다. 그들은 빈부에 상관없이 모두를 위해 봉사하였으나 부유한 사람들과는 종종 결혼을 통한 혈연관계를 맺기도 하였다.

조로아스트교는 예배를 위한 특별한 공간인 신전이나 제단이 필요하지 않았다. 초기 조로아스터교 의식은 집 안에서 많이 이루어졌는데 주로 예배 의식을 요청한 사람의 집이나 사제의 집에서 진행되었다. 절기별 중요도에 따라 각 지역 지도자의 집에서 의식을 하기도 했다. 고대 페르시아 사회의 가장 중요한 절기인 가함바르스 축제는 계절에 따라 넓게 트인 야외에서 진행되었다.

아케메니드 페르시아(The Achaemenids, 기원전 550~330년) 시대 들어 거대한 신전들이 등장하면서 각 신전마다 불을 지키거나 신전을 돌보는 사제들의 필요성이 부각되었다. 신전이 점점 더 중시되고 그 수가 급격히 증가함에 따라 여러 가지 사회 현상이 함께 발생하였다.

그중 첫 번째가 신학교의 등장이다. 사제들은 특별한 훈련이 필요했으므로 훈련된 사제의 수요를 맞추기 위해 신학교가 여러 곳에 설치되었다. 두 번째는 사제들의 계급화, 권력화이다. 아케메니드 페르시아는 28개의 민족, 23개의 지방 소국을 거느린 거대한 제국이었다. 중앙 정부는 제국 통치를 위해 각 지역마다 사트라피(Satrapy)라고 하는 총독을 보내거나 그 지역의 왕을 총독으로 임명하기도 하였다. 중앙 정부는 각 지방의 고유 언어를 사용하도록 허락하였지만 공적인 문서는 당시 공용어인 아람어와 고대 페르시아어로 표기하도록 규정하였다. 이러한 제도는 지역에서 가장 고등교육을 받았던 사제들이 일처리를 하는 데 적합하여 이들이 정권과 밀접해질 수 있는 기회를 제공하였다.

아케메니드조 황실의 지원은 조로아스터교를 급격히 성장시키고 사제들의 역할을 키워 주었다. 이들의 사회에 대한 영향력이 커지자 사제들 중에서도 권력을 쥔 사람들이 등장하였다. 뿐만 아니라 그때까지 보통 헌금으로 생활을 영위하던 사제들이 황실의 후원을 받게 되면서 경제적인 안정도 확보할 수 있었다. 이들은 지방 정부의 서기 역할을 도맡으면서 모든 지방에서 정권과 떼려야 뗄 수 없는 관계로 발전하였다. 사산조 페르시아 시대까지도 글을 읽고 쓸 수 있는 사람들이 한정적이었으므로 사제들은 점차로 특별한 계층으로 자리 잡았다. 이 과정에서 사제 계급의 권력화가 급격히 진행되었다.

사산조 시대에는 모베드에게 농토가 하사되었으며 그들의 지위가 상승하였다. 모베드가 나라의 모든 종교 행사를 주도하였으며 이란 곳곳에 세워진 불의 제단과 신전을 책임졌다. 이들 중 최고사제에게는 '모베드 중의 모베드'라는 칭호가 부여되었다.

## 조로아스터교의 특징

조로아스터교의 가장 중요한 교리는 이원론으로 인도-이란인의 토속 신앙에 깊이 뿌리내리고 있다. 조로아스터교 이원론은 이원론적 일신론(dualistic monotheism)의 특징을 갖는다. 아후라 마즈다에서 쌍둥이 영, 즉 선한 영과 악한 영이 태어남으로 해서 세계가 선한 세력과 악한 세력으로 양분되어 전쟁을 치루고 있다는 것이다. 언뜻 보면 이러한 이원론은 일신론과 대립된 것 같지만 조로아스터교의 일신론은 그 당시 사회상인 다신론에 대한 반발이었으므로 다신론에서 말하는 이원론과는 거리가 멀다.

이원론이 서구 학계에 처음으로 소개한 사람은 18세기 고대 페르시아 종교의 역사에 관해 서술한 토마스 하이드(Thomas Hyde)다. 하이드는 이원론이라는 단어를 선한 것들의 원천이 되는 존재와 그와 상반되는 악한 것들의 원천이 되는 존재가 있다는 사고의 체계를 의미하는 용어로 사용하였다. 이 이원론이 바로 조로아스터교의 가르침을 묘사하는 용어로 18세기에 널리 사용되었다. 하이드는 이원론이라는 용어를 신과 악마의 대립, 즉 선함과 악함의 특성을 가지고 있는 존재들의 대립이라는 윤리적 이원론으로 규정지었다. 이것이 조로아스터교의 이원론을 가장 잘 설명한 것이다. 서양에 알려진 조로아스터교의 이원론은 시간이 지나면서 많은 부분 왜곡되었다.

「가타스」에 언급된 거룩한 창조의 영 스펜타 마이뉴는 악한 왕권이 선한 종교(조로아스터교)에 굳건히 기초를 세우고 있고, 왕이 종교를 적극적으로 보호하면 왕권은 번성한다. 그리고 일반 백성들은 두려움에서 벗어나 행복하고 풍요로운 삶을 누릴 수 있을 것이라고 주장한다. 왕의 결정과 행동에 따라 이 모든 일이 자연스럽게 이루어진다. 선한 영의 뜻을 좇아 다스리면 이들은 선하고 정의로운 왕으로 칭송을 받는다. 선한 왕은 이들이 섬기는 아후라 마즈다의 상징이자 지상 세계의 현신(現身)이 된다.

이 풍요의 시대에는 지식이 진보하고 문화도 발달할 것이다. 사람들은 너그럽고, 정의로우며 자비로워질 것이고, 그들은 서로 덕을 세우게 될 것이다. 또한 그들을 통해 선이 완벽하게 구현될 것이다. 사람들은 선한 종교가 정결, 합법적인 번영, 음악 그리고 즐거움을 누릴 수 있는 권위를 부여해 준다고 여겼다. 반면 나라가 어지럽고 사회에 부조리와 불의가 가득하며 국가가 발전하지 않는다면 백성들은 자연스럽게 왕권이 악한 영(아흐리만)을 따르는 악의 대변자가 되었다고 생각하기 시작한다. 아후라 마즈다와 아흐리만의 끊임없는 투쟁처럼 악한 왕 밑에 있는 백성들은 왕에 대항하여 끝없이 투쟁할 것이다. 그리고 이들은 아후라 마즈다의 이름으로 거행하는 이 투쟁에서 승리할 것이라고 굳게 믿는다.

이렇듯 조로아스터교는 왕권과 밀접한 관계를 갖고 있지만 왕이 올바른 정치를 하지 못할 때는 언제라도 혁명이 일어날 가능성이 잠재되어 있는 종교이다.

## 조로아스터교의 영향

실제 아케메니드 페르시아 시대에 이란인들을 제외한 이방인들 사이에 전도가 일어났다는 증거를 찾기는 어렵다. 다만 지위 고하를 막론하고 대부분 조로아스터교를 믿었기 때문에 페르시아인들이 가는 모든 곳에서 자연스럽게 조로아스터교에 대한 토론이 벌어졌던 것으로 보인다. 대표적인 예가 그리스 문화권이었던 지금의 터키 소아시아 지역이다. 이 종교에 대한 관심이 많은 그리스계 사람들이 조로아스터교에 관해서 이 지역 페르시아인들에게 자주 문의를 해 왔다. 이들과 함께 신학에 대한 토론을 하면서 조로아스터교 교리 체계가 확립되었다. 이는 곧 이집트에서 흑해 연안까지 퍼져 나갔다.

앞에서 언급한 대로 조로아스터교에는 창조주로 불리는 유일신과 그에 대적하는 악마가 있다. 이들 외에도 천사와 같은 이들을 돕는 영적 존재들이 있다. 말세에는 심판을 수행하는 구원자가 등장한다. 이 외에도 천국과 지옥이 존재하며 모든 사람은 죽음과 함께 개인적 심판을 받게 된다. 마지막 때에는 죽은 자들이 모두 부활할 것이며 최후의 심판을 받게 된다. 이 심판은 사람들만으로 한정되지 않고, 모든 악한 존재들이 심판을 받고 멸망할 것이다. 그리고 영원한 창조주의 나라가 이 땅에 임할 것이며 모든 선한 자들은 이 영원한 나라, 즉 천국에 들어가서 영원한 행복을 누릴 것이다(천국, 낙원을 뜻하는 Paradise는 페르시아어의 정원에서 유래하였다).

이러한 교리들은 당시 페르시아에 유배되었던 유대인들에게 많은 영향을 미쳤다. 유대교인들은 '여호와'라는 유일신을 믿었지만 조로아스터교와 공통점이 많았다. 그래서 당시 페르시아 제국에 살던 소수 민족 중에서 유대인들이 가장 쉽게 마음을 열고 경청했다. 이들은 페르시아 왕들에게 상당히 호의적이었다. 구약 성서(이사야서 45장 등)에도 나오는 것처럼 신(新)바빌로니아에 의해 나라를 빼앗기고 노예로 살고 있던 유대인들을 해방시켜 준 페르시아 왕들을 구원자로 묘사하고 있기도 하다. 더구나 다신교 사회에서 유일신에 대한 절대적 경배, 메시아의 출현에 대한 믿음, 도덕적·영적으로 엄격한 율법에 기초한 삶의 방식 등은 양 종교 간의 벽을 허물었다.

조로아스터교는 파르티아 시대(The Partians, 기원전 250년~서기 226년)를 지나면서 유대교 외에도 기독교와 영지주의, 불교와도 접촉하게 된다. 그리고 이슬람이 등장하고 페르시아 지역을 정복하면서 교리적으로 여러 부분을 공유하여 천국, 지옥, 심판의 날, 전지전능한 유일신 등의 공통분모를 갖게 된다.

조로아스터교는 불교나 기독교에 비해 전도의 열정이 부족하였다. 가장 오래된 종교이자 고등 종교였던 조로아스터교는 근동 지역의 많은 유일신 종교에 영향을 주고도 정작 자신의 존재를 지키지 못하였다. 한때는 유대교에 필적할 만한 교세를 갖추었지만 태동된 지 3,000년이 지난 지금은 전 세계에 약 15만 명 정도의 신자가 있는 소수 종교로 전락하였다.

## 조로아스터교의 경전

조로아스터교는 거의 3,000년 전의 종교이기 때문에 어느 것이 정확한 자료인지 말하기는 어렵다. 인도의 『베다』의 경우도 그렇지만 사료의 내용이 분명치 않아 신빙성이 떨어지기 때문이다. 조로아스터교의 경전인 아베스타의 경우도 수세기 동안 구전되다가 서기 3세기경 사산조 페르시아 시대에 와서야 수집 편찬되었다(이런 이유로 경전의 내용에 일관성이 없고 잡다하다는 느낌도 있다). 당시는 지금까지 전해지는 경전보다 많은 양의 경전이 있었겠지만 이슬람이 침입한 후 거의 1400년 이상 지배를 받으면서 많은 경전들이 소실되었다.

그나마 아베스타 중에서 조로아스터교를 가장 잘 알아볼 수 있는 것은 『야스나(성스러운 예배 의식에 관한 규정)』와 야스나 안에 있는 「가타스(조로아스터의 송가)」이다. 「가타스」는 가타어(Gathic)라는 고대 언어가 사용되었으며, 이 언어는 『베다』에 사용된 언어와 유사하다. 조로아스터의 생애에 관한 가장 신빙성 있는 정보가 바로 이 송가에 있다.

아베스타의 나머지 부분들은 찬송가 『야쉬트(Yasht)』, 기원, 제사 규정이 담겨 있는 『비스페라트(Visperat)』, 악마에 대한 주문과 정화에 관한 규정이 담겨 있는 『비데브다트(Videvdat)』, 혹은 『벤디다드(Vendidad)』, 죽은 후의 영혼에 관한 이야기인 『하독스트 나스크(Hadoxst Nask)』 그리고 작은 아베스타라는 뜻을 가진 기도서인 『쿠르다흐 아베스타(Khordah Avesta)』로 구성되어 있다.

조로아스터교의 경전으로는 아베스타 외에도 사산왕조 시대의 중기에 쓰인 팔레비 경전이 있다. 이 시기에 쓰인 경전들은 파르티아인의 언어인 팔레비어를 사용하였는데 이는 중세 페르시아의 공용어였다. 이중 가장 중요한 것은 세계의 창조와 구조에 대해 설명하는 『분다히신(Bundahishn)』과 조로아스터교의 설화를 모은 『덴카르트』이다. 역시 팔레비어로 기록된 『젠드 아베스타(Zend Avesta)』는 설명이 첨부된 일종의 주석서이다.

### 노우루즈, 이란의 새해

조로아스터교에서 가장 큰 절기는 봄을 맞이하는 춘분, 즉 노우루즈(Nowruz)이다. 노우루즈는 이런어 Now(새로운)와 Ruz(날)의 합성어로 새날, 즉 새해라는 뜻이 된다. 이란 달력으로 새해 명절인 노우루즈는 춘분에 해당하는 3월 20일, 혹은 21일로 천체가 정확하게 봄으로 들어가는 시점이다. 봄을 새해의 시작으로 삼는 것은 새로운 생명의 소생을 기념하는 것뿐만 아니라 악마의 어두움을 걷어 내고 새로운 미래를 축복하려는 의미도 담겨 있다.

이 축제는 기원전으로 거슬러 올라가는 오래된 절기이지만 이란 국민은 현재까지도 노우루즈를 새해 첫날로 지키고 있다. 노우루즈는 이슬람의 휴일로 대체되지 않은 이란의 유일한 전통 절기이다. 다른 것들은 이슬람의 절기로 대체되었거나 남아 있는 것들도 조로아스터교 교인들만 지키는 절기로 축소되었다. 노우루즈는 원래 3주간에 걸쳐 대규모로 진행되는 절기였다. 축제 기간에는 곳곳에 불을 피워 놓고 광대와 가면놀이꾼, 놀이꾼, 춤꾼 등 다양한 사람들이 어느 곳에서든지 축제를 즐기곤 하였다. 지금도 노우루즈가 되면 이란의 모든 사람들이 2주간의 명절을 즐기며 여행을 떠나거나 새로운 옷과 음식을 나누며 가족들을 만나러 다닌다. 이란의 주변국들도 이날을 축제일로 기념하여 노우루즈를 즐긴다.

고대 아케메니드 페르시아의 수도 중 하나인 페르세폴리스(Persepolis, 이란어로 타흐테 잠쉬드)에 가 보면 남아 있는 왕궁의 벽면에 당시의 풍습들이 그려져 있는 것을 볼 수 있다. 벽면의 그림에는 노우루즈 행사와 이 축제를 축하하기 위해 각 속국에서 보낸 사절단들의 모습이 보인다. 사자가 황소를 잡아먹는 장면도 눈에 띈다. 이것은 사자자리가 황소자리를 침범하는 시기가 정확하게 노우루즈가 시작되는 춘분임을 표현하는 부조이다(당시 페르시아는 점성술이 발달하여 천체의 움직임을 별자리에 비유하여 표현하곤 했다).

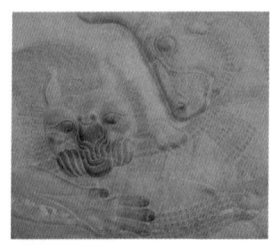
황소를 잡아먹는 사자 부조.

이란 역사에서 노우루즈에 대한 기록은 기원전 2세기경에 처음 등장하지만 적어도 2,500년 동안 지켜진 절기라는 것이 정설로 받아들여지고 있다. 그 이유는 대부분의 노우루즈 절기는 아케메니드 페르시아 시대에 만들어져서 지금까지 큰 변화없이 지켜지고 있기 때문이다. 노우루즈는 선이 악을 물리친 날을 기념하는 절기다. 많은 사람들이 빛은 선을 상징하고 어둠은 악을 상징한다는 사실을 믿었던 시대부터 그 절기가 시작된 것으로 짐작해 보면 최소 아케메니드조 시대에서부터 등장했을 것이다.

노우루즈 전 주의 수요일은 차하르샨베수리(Chaharshanbe-suri)라는 절기로, 이날 사람들은 불을 피워 놓고 그 위를 뛰어지나가는 놀이를 한다. 그것은 연말에 불 위를 지나면서 자신의 죄를 깨끗하게 한 후에 새해를 맞기 위한 의식이다.

사람들은 노우루즈에 특별히 페르시아어 S[3)]로 시작되는 물품 일곱 가지를 차리는 상 '하프트 신(Haft Sin)'을 준비한다. 7은 신성한 영인 여섯 아메샤 스펜타와 아후라 마즈다를 합친 수로 고대 페르시아에서는 신성하고 특별한 숫자이다.

'하프트 신' 상에는 사브제(Sabzeh, 녹색으로 싹을 틔운 보리), 십(Sib, 사과), 시르(Sir, 마늘), 세르케(Serke, 식초), 사마누(Samanu, 엿

상 - 불 위를 뛰어넘는 의식.
하 - 하프트 신.

기름과 밀가루로 끓인 액체), 센제드(Senjed, 로터스 열매 말린 것), 소마그(Somaq, 옻나무 잎 말린 것)가 놓인다. 사브제는 푸름, 사과는 건강과 행복을 상징하고, 마늘(sir)은 동음이의어로 '배부른'이라는 뜻이 있어 배고픔을 멀리하고 풍성함을 기원한다는 의미를 가지고 있다. 식초는 시큼한 맛으로 얼굴을 찌푸리게 하는데 더 이상 찌푸리지 말고 웃으며 살라는 뜻이다. 사마누는 생기발랄함을, 동음이의어로 '심사숙고함'이라는 의미가 있는 센제드는 심사숙고와 신중함을, 소마그는 삶의 평안을 기원한다. 지금은 금붕어와 쿠란, 계란과 동전 등을 추가로 올려놓기도 한다.

### 이란의 절기들

이 외에도 『작은 아베스타』에는 여섯 개의 다른 절기가 언급되어 있다. 농경과 관계있는 이 축제들은 노우루즈를 포함하여 총 일곱 개이다. 일곱 번의 축제를 조로아스터교에서는 가함바르스라고 불렀다. 가함바르스는 조로아스터교 초기부터 지켜오던 것이다. 앞에서 언급한 것처럼 조로아스터교의 유일신인 아후라 마즈다와 여섯 아메샤 스펜타를 상징한다. 또한 조로아스터교 창조의 일곱 단계를 의미하기도 한다. 조로아스터교에서 이 신성한 일곱 절기를 지키지 않는 것은 죄로 간주되었다. 이 절기들은 조로아스터가 만든 주요 신들에게 유목과 농사의 축제를 바치는 것으로 시작되었다.

조로아스터교의 절기는 함께 즐기는 축제의 장이다. 고대 페르시아인들은 이 절기를 지키면서 가난하거나 부유한 것과 상관없이 함께 모여 먹고 마시며 축제를 즐겼다. 그간 관계가 소원했거나 갈등이 있었던 사람들은 축제 기간에 관계를 회복하였다. 이들에게 축제란 악한 세력이 틈타지 못하도록 선을 추구하고 서로를 격려하는 기간이었다.

가함바르스는 일련의 절기를 거쳐 마지막에 노우루즈로 완성된다. 새해의 첫날이자 일 년의 마무리인 노우루즈는 악과 거짓으로부터 싸우는 일 년간의 선악 다툼에서 완전히 승리하였음을 상징한다. 일곱 번의 축제 중 마지막으로, 창조 단계 가운데 일곱 번째로 창조된 불의 축제이기도 하다.

이란에는 가함바르스 외에도 12신을 기념한 12번의 축제가 있었다. 조로아스터교의 달력에 30일이 각 날의 이름과 12달에 신의 이름을 붙여 놓았는데, 축제는 날과 달의 신의 이름이 일치하는 날에 열린다. 이중 가장 중요한 절기는 메흐레건으로 메흐르 달 메흐르 날에 메흐르를 기념하는 축제이다. 이란 달력으로 7월 16일, 서양력으로는 대략 10월 8일쯤의 가을 추수철에 해당한다. 메흐레건은 대개 조로아스터교 사제가 축제의 시작을 알리고 6일간 진행되었다.

미트라와 관계된 또 다른 절기로는 밤이 가장 긴 동지, 12월 21일 밤에 열리는 축제 샵에얄다(Shab-e Yalda, 얄다의 밤)가 있다. 동지를 기점으로 밤이 짧아지고 낮이 길어진다고 하여 태양과 광명의 신인 미트라의 생일로 여기고 축제를 거행한다. 이 날 집 밖에는 모닥불을 피워 놓고 집 안에는 작은 화롯불을 피운 채 가족들이 함께 모여 밤을 지새운다. 밤새 불을 빨갛게 지펴 태양이 어둠을 이기도록 도움을 주려는 것이다. 얄다의 밤에는 다양한 견과류와 과일을 먹는데 특히 수박을 주로 먹는다. 과거에는 사람들이 이 날 삼나무에 장식을 했었다. 젊은이들은 자신들의 소망을 적어 색깔 있는 옷으로 포장해 삼나무 가지에 매달아 두었고 미트라가 이 소원을 들어주기를 바라면서 그 옆에 미트라를 위한 많은 선물들을 놓아두었다(지금은 이 전통이 사라지고 없지만 18세기 중반 '루터'라는 사람에 의해 독일에 소개되어 크리스마스트리 형식으로 변형되었다). 노우루즈를 제외하고 아직까지 이란에 남아 있는 유일한 의식이 샵에얄다이다.

고대 이란의 중요한 절기 중에 마지막은 사데(Sadeh, 100이라는 뜻)이다. 대부분 불에 관한 의식은 겨울에 있다. 이 절기도 한겨울 절기로서, 사람들은 불을 숭상하고 어둠과 추위에 대한 승리를 기념하는 의식을 한다. 이 의식은 12월 11월 혹은 1월 24일 두 날 중에 진행하는데 왜 이 두 날로 나뉘었는지는 확실하지 않다. 사데는 한때 조로아스터교의 교인들조차 잊어버린 절기였지만 20세기 들어 이란 밖에 사는 이란인들에 의해 조금씩 지켜지고 있다.

## 이란 역사 속의 조로아스터교

### 아케메니드 페르시아
이란에서 처음으로 패권을 잡은 아리안족은 메디아인이었

다. 이들은 기원전 8세기에 하메단(Hamedan, 이란의 중서부에 위치한 도시)을 중심으로 메디아 왕국을 건설하고 동쪽의 조로아스터교 종교적 의례를 흡수하여 종교를 발전시켰다. 곧이어 이란 남부 파르스(Fars, 이란의 남부 도시 시라즈 인근 지역) 지역에서 페르시아족의 아케메니드 가문이 새로운 왕조를 창건했는데 이것이 이란 역사상 가장 찬란한 문명을 세운 아케메니드 페르시아이다.

아케메니드 왕조는 조로아스터교를 아후라 마즈다교로 칭하며 왕권을 확립하기 위한 통치 도구로 사용하였다. 아케메니드 페르시아는 주변 민족들을 정복한 뒤 속국으로 삼아 거대 제국을 이루었다. 아케메니드 왕조는 각 지방의 민속 종교를 인정하고 존중하기는 했지만 왕권 강화를 위해 왕실 종교인 조로아스터교를 집중적으로 육성하였다. 또한 귀족들의 세력을 약화시키기 위해 그들에게 왕실의 종교를 권하고 장려하였다.

시간이 흘러 왕권이 약화되고 귀족들의 힘이 강해지면서 각 귀족 가문들이 섬기던 신들이 다시 부각되기 시작하였다. 이러한 사회 분위기의 변화를 감지한 왕실은 강성해진 귀족들의 힘을 포용하기 위해 그들의 종교를 흡수, 통합하기도 하였다. 일례로 아르타크세르크세스(Artaxerxes) 2세 때에는 풍요를 상징하는 물의 신 아나히타(Anahita)와 전쟁과 태양신인 미트라(Mithra)가 조로아스터교의 중요한 신으로 받아들여진 것이다.

조로아스터교를 연구하다 보면 재미있는 점을 알게 된다. 조로아스터교에 관한 이야기가 페르시아의 사료보다 그리스의 사

산 위의 불의 제단.

료들에 더 상세하고 다양하게 전해지고 있다는 사실이다. 당시 그리스는 지중해의 패권을 다투던 페르시아의 문화에 관심이 많았고 이들로부터 많은 영향을 받았다. 그리스의 위대한 역사가인 헤로도토스 같은 경우에도 휴전 중일 때에는 페르시아 지역을 자유로이 여행하며 책을 썼다. 이 헤로도토스의 작품에서 아케메니드 페르시아의 사료에는 언급되지 않았던 조로아스터가 페르시아의 가장 위대한 예언자로 등장한다. 헤로도토스에 따르면 페르시아인들은 특별한 신전 없이 산꼭대기에 불의 제단을 쌓고 그곳에서 제사를 지냈다고 한다. 이것은 당시 이웃 지역인 메소포타미아 바빌로니아의 영향을 받은 것으로, 지금도 이란을 여행하다 보면 산꼭대기 곳곳에서 아타쉬가(Atashgha)라고 불리는 불의 제단을 볼 수 있다.

### 셀루키드조와 파르티아

기원전 330년 마케도니아 출신 알렉산더 대왕에게 아케메니드 페르시아가 멸망하면서 페르시아에도 그리스의 헬레니즘 문화가 확산되기 시작하였다. 그리스를 그대로 옮겨 놓은 것 같은 도시들이 알렉산더가 세운 제국 곳곳에 들어섰다. 폴리스로 불리는 도시와 광장인 아고라 그리고 그리스의 수많은 신들의 신전들이 페르시아 온 땅을 뒤덮었다. 이렇듯 페르시아와 그리스의 문화가 한데 섞이게 되면서 신들도 혼합되었다. 그리스의 최고 신 제우스와 페르시아의 최고 신 아후라 마즈다, 태양신 아폴로와 미트라, 미의 여신 아프로디테와 아나히타가 대표적인 예이다. 사람들은 한 신전에 구획을 나누어 제단을 쌓고 이들 신을 모셨다. 자연스럽게 신들의 모습도 혼합되었는데 비스툰(Bistun) 석비가 있는 지역에서 이를 목격할 수 있다. 비스툰 석비는 아케메니드 왕조의 다리우스(Darius)왕이 세운 기념비로 입구에 셀루키드 시대에 세워진 헤라클레스 신전이 있었는데 아직도 석상이 남아 있다. 또한 쿠르디스탄(Kurdistan) 지역에서는 아나히타와 아르테미스 신전이 함께 세워져 있었음을 발견할 수 있다.

알렉산더 대왕의 장군인 셀루키드가 세운 셀루키드 왕조가 파르티아(Parthia)에게 무너진 후 페르시아에서는 다양한 종교가 함께 발전해 간다. 파르티아에 대한 사료는 극히 미미하여 당시 조로아스터교의 정황을 찾아볼 수가 없다. 단지 우리가 알 수 있는 것은 파르티아 시기에는 페르시아 지역에 기독교, 불교, 유대교 등의 여러 종교들이 자유로이 포교되었다는 사실이다. 이로 미루어 보아 조로아스터교는 상대적으로 발전하지 못했을 것으로 추측된다.

## 사산조 페르시아

아나히타 신전.

아나히타.

아케메니드 페르시아 왕조의 몰락 이후 500여 년이 지나, 다시금 남쪽 파르스 지역에서 아케메니드의 부활을 외치며 사산조 페르시아가 등장하였다. 사산조 페르시아를 세운 아르다시르 바바칸(Ardashir Babakan)은 대대로 아나히타 신전을 지키던 사제 집안 출신이다. 자연히 사산조 통치 기간에는 국가를 지키는 신으로 아나히타가 추앙받았다. 아르다시르는 집권 초기 파르티아처럼 자유종교 정책을 취하였으나 곧 조로아스터교를 국교로 삼으면서 이교도 신전을 모두 불의 제단으로 바꾸는 작업에 착수하였다. 특별히 파르스, 메디아 그리고 파르티아 지역을 가장 중시하여 이들 지역에 대표 계층을 상징하는 불의 제단을 쌓았다. 첫 번째는 현재 시라즈 인근의 파르스 지역, 정확하게는 카리안(Karian)이라는 작은 마을의 제단이다. 그곳에는 성직자들을 상징하는 불인 아자르 파른바흐(Azar Farnbagh)의 제단이 있다. 두 번째로는 과거 메디아 지역인 타브리즈(Tabriz) 인근에 왕들과 전사들을 상징하는 아자르 고슈나습

(Azar Goshnasp)의 신전이 세워졌다. 예전에는 이곳을 마기들의 불의 신전이라고 불렀지만 점차 왕과 전사들을 위한 곳으로 바뀌게 되었다[지금은 이 신전의 이름을 타흐테 술레이만(Takht-e Soleiman)이라고 부른다]. 마지막으로 파르티아 호라산 지역의 아자르 바르진메흐르(Azar Barzinmehr) 신전이다. 아자르 바르진메흐르는 농민을 상징하는 불로 당시 사회에서 농민은 가장 낮은 계급이었기 때문에 다른 두 곳의 신전보다 중요도가 떨어진다.

사산조 시대에는 국교로서 조로아스터교의 위상이 몇 번 흔들리기도 했다. 마니교가 등장했을 때가 그 대표적인 경우다. 마니는 조로아스터교 사제 계급으로 기독교 문화가 강한 바빌로니아 인근에서 출생하였다. 어려서부터 유대교와 기독교 영지주의의 영향을 받은 그는 조로아스터교와 기독교 영지주의, 불교 사상 등을 혼합하여 마니교를 창시하였다. 마니교는 매우 급격히 성장하여 조로아스터교의 교세를 위협할 정도였다. 조로아스터교의 특권층은 이에 위기를 느끼고 당시 최고 사제였던 카르디르(Kardir)가 마니를 제거하였다.

기독교 역시 조로아스터교에게 가장 위협적인 세력 중 하나였다. 당시 기독교는 이미 페르시아 지역에서도 상당수의 개종자를 얻고 있었다. 로마의 박해를 피해 이주한 사람들까지 가세하면서 기독교는 거대한 세력으로 변했다. 그러나 이들 역시 조로아스터교의 박해를 견디지 못하고 다른 지역으로 이주하는 바람에 세력화가 더 이상 진행되지는 못하였다. 이 시기에는 또한 조로아스터교에 대한 여러 개혁, 변형 이단이 생기기도 하였다. 한 이단의 경우는 주르반(Zurvan)이 아후라 마즈다와 아흐리만(앙그라 마이뉴) 쌍둥이를 잉태하였다고 하여 그를 창조주로 숭배하기도 하였다.

조로아스터교의 국교화 작업이 대대적으로 진행되는 동안 사제 중 한 사람이었던 카르디르는 중앙집권형의 강력한 왕권을 구축하였다. 그는 종교는 왕권의 기초이며 왕권은 종교의 보호자임을 역설하며 국정을 운영해 갔다.

카르디르가 이끄는 조로아스터교 사제들은 많은 도전들을 물리치고 국교로서의 조로아스터교 위상을 공고히 했다. 이들은 각 지역마다 그들의 사제 대표단을 보내 일반인들의 삶 속에 영향력을 미치는 국민 종교가 되도록 노력했다. 먼저 조로아스터교에서 신성하게 여기는 불과 물, 태양 그리고 달에 대한 예배 의식과 규례를 바로잡았다. 그런 후에는 내실을 다지기 위해 그동안 구전으로만 내려오던 경전과 기도문, 찬양집들을 기록으로 남기기 시작했다. 조로아스터교 경전 문서화는 이렇게 시작되었다. 4세기인 샤푸르(Shapur) 2세 때부터 문서화 작업이 시작되어 중세 페르시아어로 아베스타를 기록하기 시작하였고, 6세기경에는 『젠드 아베스타』라고 불리는 주석서를 완성하였다. 이때 제작된 경전들은 변형본을 포함해 그 양이 너무나 방대하여 「가타스」와 같은 찬양시는 어느 것이 원본인지 모를 정도이다.

사산조 페르시아 시대의 조로아스터교는 국교로서 정치와

긴밀히 결탁되어 있었다. 비록 왕의 성향에 따라서 그 영향력에 차이가 있었지만 국가 종교로서의 위치에는 변함이 없었다. 다른 종교를 가장 가혹하게 핍박했던 왕은 샤푸르 2세일 것이다. 앞서 언급한 대로 그는 경전의 문서화를 시작했을 정도로 조로아스터교를 추종하고 장려한 왕이다. 그가 페르시아 전역의 모든 종교의 대표 성직자들을 불러 모은 회합에서 조로아스터교가 가장 훌륭한 종교임을 다시 한 번 입증하였다는 일화가 있다. 그는 회합 이후 조로아스터교 이외의 종교들을 사람들을 미혹하는 거짓 종교로 지정해 더 잔혹하게 탄압했다고 한다.

사산조 말기인 6세기경에는 마즈닥교라는 조로아스터교를 위협하는 세력이 또 한 번 등장한다. 마즈닥교는 부유하고 많은 특권을 가진 지배 계층과 가난한 대다수 민중들의 사회적 평등을 주장하며 일어난 종교적·정치적 운동이었다. 마즈닥교의 창시자 마즈닥의 설교와 주장은 사회주의적 이념을 내포하고 있었다. 마즈닥과 그의 추종자들은 공동체 생활을 하며 부를 공유했다고 전해진다. 그의 비판세력들은 그들이 부인들도 공유했다고 기록했다. 이들은 호스로우 아누쉬르반 왕에게 진압되었으며 마즈닥은 사형을 당했다. 교조의 사망 이후 이들의 운동은 지하로 숨어들었으며 이들의 사상은 오랫동안 비밀스럽게 전해졌다.

### 이슬람의 침입 이후

사산조 페르시아는 비잔틴 제국과의 지루한 전쟁으로 지치고 피폐해 있었다. 이들에게는 아라비아 반도에서 일어난 신흥 세력을 막을 힘이 더 이상 남아 있지 않았다. 이 신흥 세력이 바로 무슬림이다. 페르시아인은 무슬림인 아랍 민족을 거대 페르시아 문명의 변두리에 위치한 작은 소수 민족에 불과하다고 여겼기 때문에 무슬림에게 정복당했다는 사실은 이들에게 큰 충격을 주었다. 이란의 중세 시인들의 글을 보면 그들의 충격이 얼마나 컸는지 느낄 수 있다. 특히 이란의 민족 시인으로 추앙받는 페르도우시(Ferdowsi)의 「샤나메(Shahnameh, 왕서)」에 그들의 충격이 잘 표현되어 있다.

아랍 무슬림에게 정복당한 후 초기에는 페르시아인 대부분이 그들의 전통을 그대로 유지하고 있었다. 무슬림은 자신들의 종교를 강요하지는 않았지만 대신 피지배 민족인 페르시아인에게 무거운 세금을 부과하였다. 아랍의 페르시아 지배 기간이 길어지면서 아랍 제국의 공직으로 나가려는 페르시아인을 필두로 하여 이슬람으로 개종하는 자들이 급속히 늘어났다. 조로아스터교는 시간이 흐를수록 페르시아에서 민족 종교로서의 지위를 상실해 더 이상 영향력을 미치지 못하는 종교로 전락하고 말았다.

더군다나 조로아스터교의 사제들은 이때에도 국민들의 마음을 위로해 주기보다 정권에 밀착하고 있었기에 페르시아인들의 마음을 쉽게 잃었다. 사산조 시대에도 이미 많은 사람들이 마니교나 기독교로 개종한 전력이 있었던 터라 이슬람으로 개종하는 사람들이 급격히 늘어났다.

이슬람의 경제적 접근 전략은 굉장히 효율적이었다. 예를 들면 무슬림 남자와 비(非)무슬림 여성이 결혼을 하면 아이들은 자연스럽게 무슬림이 되었고 비무슬림 가정과 친척들의 모든 재산을 물려받을 수 있었다(물론 비무슬림들에게는 재산 상속이 이루어지지 않았다). 또한 무슬림으로 개종을 하면 소득세 외에 부과되던 인두세가 부과되지 않았고 무역과 거래에서도 많은 이득을 볼 수 있었다.

페르시아인들이 정말 이슬람을 알고 싶고 믿고 싶어서 개종했는지 알 수 없지만 11세기에는 도시에 사는 사람들의 80% 이상이 이슬람으로 개종하였다. 농사를 사회의 근본으로 삼았던 조로아스터교의 영향으로 농민들의 개종은 더디 진행되었지만 13세기에는 거의 모든 이란인이 무슬림이 되었다.

역설적이지만 조로아스터교의 경전 문학은 무슬림의 침입 이후에 더욱 활기를 띠었다. 사산조 시대에도 기독교 및 마니교 등의 득세에 대응하여 경전을 만들었듯이 이들도 문서화를 통해 무슬림으로부터 자신들의 정체성을 지키고 보호하려 한 것이다. 이때 만들어진 책으로는 믿음의 행위에 대한 책인 『덴카르트』와 창조의 기원을 다룬 『분다히슨』 등이 있다. 그러나 현재는 대부분이 소실되었다.

무슬림들은 겉으로는 조로아스터교인들을 유대인, 기독교인들과 함께 '경전의 사람들'로 일컬으며 우대하였다. 그러나 실제로는 이들을 '불의 숭배자' 혹은 '이교도'라고 부르며 차별했다. 무슬림은 부유한 조로아스터교 지주들에게서 재물을 빼앗는 것은 물론이고 조로아스터교의 성지를 파괴하거나 거리에서 조로아스터교도를 폭행하기도 하였다. 861년에는 칼리프 무타와키라는 무슬림이 조로아스터가 심었다고 알려진 성스러운 나무를 베어 버렸다. 얼마 뒤에 칼리프가 암살되었을 때 조로아스터교인들은 그가 천벌을 받았다고 생각했다. 또한 무슬림은 조로아스터교인들이 보는 앞에서 개(조로아스터교에서는 신성한 창조물이지만 이슬람에서는 부정한 동물)를 학대하여 이들을 자극하는 유치한 행동도 하였다.

이러한 박해를 참지 못해 10세기에 많은 조로아스터교인들이 인도로 이주해 갔다. 인도에서는 이들을 파르시(Farsi, 페르시아인)라고 부른다. 근면을 강조하는 조로아스터교의 특징으로 인해 적은 수 가운데서도 많은 이들이 인도에서 부유하고 영향력 있는 위치에 올랐다. 현재 이란보다 더 많은 조로아스터교인들이 살고 있는 지역이 바로 인도이다.

### 현대 조로아스터교인들

1882년 인두세의 폐지와 함께 이란의 조로아스터교인들의 경제적 상황은 점차 개선되기 시작했다. 많은 조로아스터교인들은 부자가 되는 꿈을 안고 수도 테헤란으로 삶의 터전을 옮겼다. 테헤란은 지방보다 편협한 무슬림들의 차별과 학대가 적었다. 조로아스터교도는 이란의 입헌 혁명에도 가담하여 자신들의 몫으로 국회에서 한 석을 배정받기도 했다.

조로아스터교인들이 늘어나면서 1908년에는 테헤란에 불의 제단도 만들어졌다. 1925년 새로운 왕 리자 샤 팔레비(Reza Shah Pahlavi)는 집권하면서 터키 근대화의 아버지 아타튀르크(Atatürk, 케말 파샤)의 세속화 정책을 모방하여 이란에 도입하였다. 그는 이 과정에서 이슬람 이전의 이란 문화를 진정한 페르시아 문화로 격상시켰다. 이와 관련된 일련의 문화·경제 정책들은 이란인들이 갖고 있던 조로아스터교에 대한 인식을 바꾸었다. 이제 몇몇 이란인들은 진정한 이란의 종교를 조로아스터교로 생각하고 개종을 하기도 한다.

20세기 후반에 들어서면서 조로아스터교 공동체는 급성장하였다. 인도뿐만 아니라 파키스탄과 스리랑가, 홍콩, 싱가폴 등지에도 오래된 조로아스터교 공동체인 파르시가 존재한다. 이들은 런던과 토론토, 로스엔젤레스 등지에도 지부를 두고 활동하였으며 마침내 1960년에는 테헤란에서 세계 조로아스터교 대회를 개최하기까지 이르렀다.

현재는 많은 나라에 조로아스터교 문화 진흥 협회가 세워졌고 런던 세계 조로아스터교 협회와 캘리포니아 조로아스터교 위원회 등이 활발하게 활동하며 조로아스터교의 문화와 가르침을 알리고 있다. 이란에서는 시라즈의 조로아스터교인들이 인터넷을 통해 많은 정보들을 제공하고 있다. 야즈드에는 많은 조로아스터교 유적들이 남아 있어 이곳에서 매년 조로아스터교 축제가 개최되고 있다.

# 초기 기독교의 강력한 라이벌, 미트라교

미트라(Mithra), '메흐르'라고도 불리는 이 신은 태양과 빛, 약속의 신이다. 미트라는 아베스타(조로아스터교의 경전집)에 언급되었듯이 어둠과 악의 힘에 대항하여 하늘의 빛과 정의를 지키는 수호자로 알려져 있다. 미트라는 고대로부터 오랫동안 아리안족의 숭배를 받았다. 특히 아케메니드 페르시아 시대에 세워진 많은 비석에서 아나히타, 아후라 마즈다와 함께 메흐르라는 이름이 언급되고 있어 당시 미트라의 위상을 유추할 수 있다.

미트라교(Mithraism)는 기원전 1400년 전쯤부터 널리 퍼지기 시작하였다. 미트라라는 이름이 처음으로 언급된 것은 기원전 1400년경 제작되었을 것으로 추정되는 '히티'라는 석비이다. 이 석비는 소아시아(지금의 터키 지역)의 카파도키아 지방에서 미트라교는 동굴에서 종교 의식을 치렀다. 동굴 안에는 반드시 우물이 존재하였고 지하 통로를 통해 출입하였다. 미트라교의 종교 의식을 행하던 동굴들이 속속 발견되고 있는데 대부분 미트라교가 몰락한 후에 교회와 모스크로 변하였다. 신자들은 하루에 세 번씩 태양을 향해 기도하였고 시간에 따라 태양이 움직이는 동쪽, 남쪽, 서쪽으로 방향을 바꾸었다.

미트라는 태양을 뜻하는 신이었지만 '언약, 약속, 협정'의 뜻처럼 죽은 후에 약속에 따라 사람들을 심판하는 심판자로서의 역할을 맡기도 했다. 뿐만 아니라 선을 지키기 위한 전쟁의 신으로도 불렸다. 특히 미트라가 가진 속성 중 충성심, 상호 의무, 남성성, 용맹이라는 요소로 인하여 군인들에게 특별한 숭배를 받았다. 로마로 건너간 미트라교는 로마군에게 전파되어 이들 믿는 사람들 간에 끈끈한 연대의식과 비밀스러움을 바탕으로 번창하였다. 미트라교는 이 과정에서 조로아스터교에서 말하는 선과 악의 대결에 대한 다른 이론을 제시하기 시작하였다. 로마의 미트라교는 시간이 흐를수록 이란의 미트라교와는 사뭇 다른 모습으로 변해 갔다.

페르시아 밖으로 전파된 미트라교는 유럽에서 상당한 성장을 이룬다. 미트라교의 최전성기는 3세기로 인도, 이란에서부터 로마, 프랑스를 포함한 갈리아 지역, 멀리 영국까지 그 교세가 확장되었다. 서양의 비밀 조직으로 알려진 프리메이슨에게도 많은 아이디어를 제공하였다. 미트라교는 로마에서 당시에 무섭게 부상하던 기독교에 필적하는 세를 형성하고 있었으나 그 영화는 오래가지 못했다. 4세기 초반 기독교가 로마의 국교로 공인된 이후, 미트라교는 그 세력을 잃고 급격히 사라져 갔다.

### 유럽에서의 미트라교

미트라교가 급속히 성장한 곳은 페르시아의 서부 지역인 소아시아 인근이다. 폰토스, 카파도키아, 아르메니아 같은 지역에서 가장 흔하게 볼 수 있었던 왕들의 이름이 미트라(메흐르)를 닮고자 했던 '메흐르더드'였다. 이 지역에서 메흐르의 위치를 짐작할 수 있는 대목이다.

소아시아의 넴루트 다이(Nemrute Dagi) 지역에서 발견된 안티오쿠스 1세(기원전 69~34년)가 남긴 석비를 보면 당시 이 지역에 미트라(메흐르)교가 얼마나 융성했는지 알 수 있다. 당시 미트라는 전략적 요충지였던 소아시아 지역의 많은 로마 군인들에게 전쟁의 신으로 숭배를 받았다. 미트라교의 성장은 로마군이 많이 주둔해 있던 라인 강과 다뉴브 강을 따라서 진행되었으며 로마 국경 곳곳에 미트라교의 성전과 사당이 들어섰다. 로마의 세력 확장과 함께 미트라교의 교세도 급속히 확장되었다.

1세기의 유명한 역사가 플루타르코스는 다음과 같은 글을 남겼다.

> "미트라(메흐르)교를 받아들인 첫 번째 사람들은 시실리해 인근에 살던 해적과 도둑떼였다. 이후에 이 해적들을 소

탕한 로마 군인들이 미트라교를 알게 되었다. 이들은 로마제국 전역으로 미트라교를 전파했다. 이들 외에도 시리아 상인들과 군인들도 이 종교를 받아들인 그룹 중에 하나이다."

1세기경에 많은 군인들이 미트라교를 믿기 시작하여 3세기가 되었을 무렵 미트라교는 로마의 공식 종교가 될 정도로 그 세가 커졌다. 교세가 성장하면서 로마의 곳곳에 미트라교 신전들이 생겨났다. 그 시기에 팔레스타인에서 시작된 기독교가 로마에 전파되었다. 기독교는 무서운 속도로 퍼져 나가며 공식 종교로서 미트라교의 위상마저 위협하였다. 미트라교는 3세기까지 그 영향력을 유지하고 있었다. 당시 기득권을 잡고 있던 미트라교는 로마 안에서 급성장하고 있던 기독교를 박해하기 시작했고 교회들을 공격하여 파괴했다.

결국 312년 로마에서는 미트라교를 신봉하는 '율리아누스'를 중심으로 하는 세력과 기독교를 신봉하는 '콘스탄티누스' 세력 간에 전쟁이 벌어졌다. 이 전쟁에서 콘스탄티누스가 승리하여 미트라교는 쇠퇴의 길을 걷게 되었다. 율리아누스는 사산조의 샤푸르 왕과의 전쟁에서도 패하면서 세력이 급격히 위축된다.

로마에서의 두 종교 간 전쟁에서 기독교가 승리한 후 미트라교는 변방으로 밀려갔다. 391년에는 미트라교 신전과 순례 장소로의 접근을 금지하는 로마황제의 칙령이 공표되었다. 392년부터는 더 이상의 미트라교 의식을 금지하고 이를 행하는 사람은 엄벌에 처한다는 명령이 내려졌다.

이로 인해 미트라교의 최고 종교 지도자들인 플라비아누스와 에우게니우스가 함께 명령에 반발하여 전쟁을 일으켰으나 패하고 말았다. 이 전쟁에서 에우게니우스는 전사하고 플라비아누스는 자살로 생을 마감하였다. 미트라교는 이후 5세기 후반까지 겨우 그 명맥을 이어갔으나 점차 세력이 약해져 곧 자취를 감추었다.

### 미트라교의 정보가 적은 이유

그러나 유럽에서도 미트라교에 대한 자료는 거의 남아 있지 않다. 로마에서 기독교가 국교로 공인된 이후 미트라교에 대한 자료는 대부분 파기되었다. 게다가 미트라교 자체적으로도 교리를 문서화하여 보존하려는 노력을 하지 않았다. 그들은 자신들의 진리가 이교도에게 누설되지 않도록 모든 것을 암호화하여 믿는 자들에게만 비밀스럽게 전수하였다. 신전에 그려져 있는 그림들과 남겨진 유물들도 미트라교의 교리를 알지 못하면 정확히 이해할 수 없다.

미트라교에 대한 대부분의 자료는 미트라교 신전에 있는 단서들에서 얻고 있다. 신전의 그림과 조각들을 통해서 그나마 미트라교에 대해 이해할 수 있다. 현재 미트라교의 역사적 유적들은 이탈리아, 프랑스, 흑해 인근, 스페인, 불가리아, 유고슬라비아, 런던, 중동, 북아프리카 등지에 흩어져 있다. 특히 미트라교가 융성한 지역은 이탈리아와 발칸 반도 그리고 독일의 라인 강과 동유럽의 다뉴브 강 주변 지역이다. 그 외에도 시리아와 메소포타미아 북쪽 지역 그리고 북아프리카 지역에서도 상당히 많은 사람들이 미트라교를 믿었을 것으로 추정할 수 있는 유물이 출토되고 있다.

## 신전

미트라교의 신전인 '메흐라베'는 자연 동굴이나 지하에 굴을 파서 만든 것으로 화려함과는 거리가 멀다. 미트라교인들은 화려하거나 절차가 많은 의식을 피하고 간소하게 종교 생활을 했다.

메흐라베는 대부분 강 주변 산속에 자연적으로 형성된 동굴이었다. 이러한 형태이 초기 미트라교의 신선은 녹일, 프랑스, 이탈리아, 유고슬라비아 등 유럽의 여러 지역에서 발견된다. 이 동굴은 하나같이 '황소를 제물로 바치는 미트라'의 그림이 새겨져 있어 미트라교 신전임을 추측할 수 있다.

미트라교 초기에는 자연 동굴을 찾아내어 신전으로 사용하였다. 시간이 지나면서 신자들이 늘어나 이들을 수용할 신전을 찾기 어려워지자, 사람들은 점차 초기 신전의 특징을 가진 지하 동굴을 만들게 되었다.

미트라교를 믿는 사람들은 지하 동굴 신전의 구조에 여러 가지 상징적 의미를 부여했다. 지하 동굴의 바닥은 땅을 의미했다. 그리고 둥근 천장은 하늘을 표현했으며 천장에는 별을 새기거나 그렸다. 또한 이 동굴에는 창문이나 구멍을 뚫지 않고 어두운 상태를 유지하였다.

동굴의 좁은 통로 양쪽으로는 신자들이 앉을 수 있도록 의자 같은 것을 두었다. 벽면에는 미트라교의 종교 의식과 교리를 나타내는 각종 그림들이 그려져 있는데 그중 가장 중요한 그림은 물론 '황소를 제물로 바치는 미트라'이다.

## 미트라교의 상징 '황소를 제물로 바치는 미트라'

미트라교 하면 떠오르는 그림은 바로 '황소를 제물로 바치는 미트라'이다. 그림 속 미트라는 젊고 힘이 넘치는 모습을 하고 있다. 황소를 땅에 내동댕이치고 그 등에 올라타서 한 손으로는 소의 머리를 잡아당기고 칼을 든 다른 손으로는 소의 가슴을 찌른다. 이 그림에는 또한 미트라와 황소 이외에도 양쪽 동굴에서 서서 이 희생 의식을 지켜보고 있는 횃불을 든 두 사람을 볼 수 있다. 두 사람 중에 한 사람은 횃불을 하늘로 향해 들고 있고, 다른 한 사람은 아래로 내리고 있다.

이 그림을 통해 다음과 같은 미트라교의 종교 의식과 의미를 알아낼 수 있다. 일반적으로 미트라와 횃불을 든 두 사람은 각각 일출, 남중, 일

황소를 제물로 바치는 미트라.

몰일 때의 태양의 위치를 나타낸다. 횃불을 위로 든 사람은 일출 그리고 미트라 자신은 가장 강력한 정오의 태양, 횃불을 아래로 든 사람은 일몰을 상징한다. 이 행동은 떠오르는 태양과 지는 태양을 상징하기도 하고 생명과 죽음을 뜻하기도 한다. 미트라교에 대한 문서가 거의 소실된 상황이므로 이 그림은 미트라교를 이해하는 데 있어 매우 중요한 역할을 한다.

미트라의 머리 위에는 해와 달이 그려져 있다. 희생제물로 바쳐진 황소의 머리 근처에는 황소의 머리에서 흘러내리는 피를 받아먹으려는 개와 뱀을 볼 수 있다. 황소의 다리 근처에는 황소 쪽으로 가까이 가서 그의 후손들에게 독을 뿌리려는 전갈이 보인다. 이 그림의 배경인 동굴 입구는 식물로 둘러져 있고 동굴 천장에는 까마귀가 그려져 있다. 이 까마귀는 그림에 따라 미트라 쪽으로 날아가거나 때로는 그의 어깨에 앉아 있는 모습으로 묘사된다.

이 그림은 미트라교의 창조관을 보여 준다. 그에 의하면 미트라가 황소를 죽임으로써 식물과 동물이 만들어졌다고 말한다. 즉 황소를 제물로 드려서 창조를 시작한 것이다. 이 희생제는 창조뿐만 아니라 미트라교의 신비와 비밀이 담겨 있다. 반복되는 희생제는 죽음과 생명의 반복을 상징한다.

미트라교와 조로아스터교의 창조론과 종말론은 매우 비슷하다. 조로아스터교에서도 유일신 아후라 마즈다가 처음으로 만든 창조물이 키유마르스라는 사람과 황소였다. 조로아스터교의 창조론에서는 모든 사람이 키유마르스의 등에서 나왔으며 모든 동물과 식물은 유일한 창조물인 황소에서 나온 씨를 통해 만들어졌다고 한다. 이 황소가 아후라 마즈다의 대적자인 악신 아흐리만에 의해 병들어 죽게 되었으나 황소에서 나온 씨가 달로 옮겨져 그곳에서 자라 비와 함께 땅에 흩뿌려지고 그로부터 식물과 동물들이 창조되었다는 것이다.

미트라교의 창조설에 따르면 유일한 창조물인 황소는 모든 식물과 동물을 임신한 상태였다. 그러나 아흐리만에 의해 병들어 죽을 처지에 놓인다. 선과 악의 중재자였던 미트라는 황소가 잉태한 모든 식물과 동물을 살리기 위해 황소를 죽인다. 선악의 중재자 미트라를 통해서 창조가 완성된다. 사실 고대 페르시아의 종교 사상에서 미트라는 아후라 마즈다와 아흐리만의 창조에서 중재와 약속의 이행을 감시하는 역할을 맡았다. 재미있는 사실은 그리스 역사가들이 쓴 글에서 미트라의 또 다른 이름이 중재자 혹은 구원자인 메시아로 불린다는 것이다. 그러므로 황소를 희생제로 드리는 사건은 창조 사건에서 죽을 수밖에 없는 동식물을 구원하는 구원자로서의 비밀을 간직하고 있다. 그리스의 문헌에 등장하는 그는 "창조의 때에 구원자로 등장하여 모든 창조물에 축복을 주었다."고 알려지고 있다. 미트라교를 상징하는 대표적인 그림은 '황소를 제물로 바치는 미트라' 외에도 '미트라의 탄생'이 있다. 미트라의 탄생일은 동짓날인 12월 22일로 이란에서는 '샵에얄다'라고 하여 지금도 지켜지고 있다. 미트라교인들은 낮이 길어지기 시작하는 이날을 미트라의 생일로 기념하여 축제를 연다.

미트라는 신비스러운 힘에 의해 돌에서 벌거벗은 채로 태어났다. 한 손에는 햇불을, 다른 손에는 후에 황소를 죽이는 데 사용되는 단검을 들고 머리에는 모자를 쓰고 허리에는 활과 화살을 둘렀다. 그는 태어나자마자 큰 바위에 활을 쏘았고 활을 맞은 돌에서는 물이 흘러나왔다. 그는 태어나자마자 세상 전쟁에 뛰어들었다고 한다.

미트라의 탄생

앞에서 언급한 것처럼 미트라교인들은 동굴의 천장을 하늘로 생각하고 그곳에 별과 천체를 그려 넣었다. 뿐만 아니라 이들은 미트라가 태어난 바위도 하늘의 상징으로 삼는다. 미트라가 햇불을 들고 바위에서 나온 것을 해가 떠올라 세상을 비추는 것과 같은 것으로 여기는 것이다.

### 미트라교의 입교와 교리

초기 유럽 전파 당시 미트라교를 가장 많이 믿었던 사람들은 로마의 군인이었다. 미트라교도들은 전쟁의 신인 미트라의 도움으로 세상의 모든 전쟁에서 승리할 거라고 믿었기 때문에 군인들이 더 쉽게 이 종교에 빠져들었다. 로마 군인들을 중심으로 의식이 진행되면서 자연스럽게 존경, 경의, 복종 등의 교리가 중요한 가르침으로 자리를 잡게 되었다. 군인, 즉 남성 중심의 의식은 자연히 여성에 대한 차별로 이어져 미트라교의 의식에서 여성의 역할은 찾아보기 힘들다.

미트라교의 입교 역시 많은 시험과 단계들을 거치는 힘든 과정이 있어 그 절차가 까다롭고 어려웠다. 첫 번째로, 미트라교에 관심이 있는 사람은 가족을 떠나 미트라교를 처음 믿는 신자들의 모임으로 들어와 가르침을 배워야 한다. '장로'들에게 기본적인 미트라교의 가르침을 배우고 나면 혹독한 육체적 시험이 뒤따른다. 불에 달군 인장을 몸에 새긴 채 오랜 기간 금식을 하거나 알몸으로 차가운 눈 속에 들어가 있기도 하고 뜨거운 불 속을 지나가기도 한다. 이러한 시험의 목적은 초심자들의 믿음을 굳건히 하고 이들의 신앙의 목적을 순수하게 다듬어 미트라교의 의식을 경건하게 받아들이게 하는 데 있다.

이 모든 고행을 거치고 나면 비로소 미트라교 회중 앞에서 자신의 신앙을 고백하고 입교식을 치를 수 있게 된다. 입교자들은 오른손을 들고 미트라교의 비밀을 열심히 배울 것이며 다른 사람들에게 자신이 미트라교 교인임을 드러내지 않을 것을 맹세하여야 한다. 당시 미트라교는 비밀 유지를 중시했기 때문에 늘 사람들에게서 멀리 떨어진 곳에서 비밀리에 자신들의 의식을 진행했다. 입교식이 끝나면 처음 믿기 시작한 신자는 자신의 스승인 장로와 악수를 하면서 마지막 인정을 받는다. 스승은 악수 후에 제자의 손에 점과 같은 인장을 찍어 주면서 교인으로서의 신분을 확인시켜 준다.

미트라교 안에도 수련을 통해 자격을 획득하고 다양한 직분을 얻을 수 있었다. 1단계에서 7단계까지 있으며 직분 상승을 위해서는 종교 의식과 교리의 습득 여부와 점성술과 점치는 마술 등의 능력이 중요한 평가 요소가 되었다. 교인들은 자격을 갖추면 1단계인 최고 직분까지 오를 수 있었다. 각 단계별 이름은 '까마귀', '동료', '군인', '사자', '퍼르씨', '태양의 사자', '장로'로, 이들은 모임에서 자신의 신분에 맞는 마스크를 쓰고 나타났다. 각각의 신분은 미트라에서 특별한 의미를 지닌다. '까마귀'는 미트라교의 신성한 창조물인 '바람'을 뜻하며, '동료'는 '물'을, '군인'은 '흙'을, '사자'는 '불'을 의미한다.

### 미트라교와 기독교의 종교 의례

로마에서 기독교가 국교로 지정된 후, 여러 종교 의례가 책정되었다. 이 과정에서 기독교 이전에 가장 융성했던 미트라교의 종교 의례와 이론이 자연스레 기독교 가운데 흘러들어왔다. 예수의 탄생과 관련한 기록들도 비슷한 점이 많다. 동방박사(마기)와 목자들이 예수의 탄생을 경배한 내용은 미트라의 탄생일에 목동이 황금을 예물로 바친 것과 비슷하다. 예수의 탄생일로 알려진 크리스마스의 날짜는 미트라의 탄생일과 연관이 있다. 미트라의 생일은 12월 22일로 우리가 말하는 동지, 즉 낮이 밤보다 길어지기 시작하는 날이다. 앞에서 언급한 대로 이란에서도 '샵에얄다'라는 절기로 지키고 있다. 이 날짜가 오랜 시간이 지나고 여러 실수가 생기면서 12월 25일로 바뀌었는데 로마 국교회에서 이를 예수 그리스도가 탄생한 날로 대체하여 지금까지 지켜지고 있다.

또한 기독교의 종교 의례에 있어서도 미트라교의 영향을 찾아볼 수 있다. 전통적인 기독교의 안식일은 토요일이었다. 기독교에서 '주의 날'이라고 지키는 일요일(Sunday)은 원래 태양신인 미트라의 날이다. 또한 미트라교에서도 기독교처럼 세례를 행한다. 이 두 종교 모두 죄를 고백하고 용서를 받는 것이 중요한 의미를 가지고 있기 때문이다. 신도가 미트라에 입교한 후에 7단계의 입교 의식을 치르고, 마지막에는 죽음에서 새로운 부활을 선포하는 의식에서 성수를 뿌려 세례를 행함으로써 미트라교인으로 다시 태어난다. 이 외에도 기독교의 가장 중요한 의식 중에 하나인 성찬식, 즉 예수 그리스도의 생명의 떡과 피의 잔도 미트라 의식 중 하나였다.

# 비밀과 신비의 마니교

 아르다시르가 사산조 페르시아(226~651년)를 건국하면서 가장 먼저 내건 약속이 '조로아스터교의 국교화'였다. 그는 파르티아 제국 말기의 100년간 로마 군대로부터 세 번 이상 수도를 빼앗기는 치욕을 겪으면서 나라 전체를 묶어 줄 통일된 종교의 필요성을 절감했다. 백성을 한 공동체로 단결시킬 종교를 통해 그가 추구한 것은 강성한 중앙집권국가의 모습이었다.

 그는 사산조 페르시아를 세우고 아케메니드 페르시아의 후예임을 자처하였다. 나라의 통치 시스템과 종교 모두 아케메니드 페르시아 시대의 것으로 복원, 계승하려 했다. 그는 또한 아케메니드 왕실의 지지를 받았던 조로아스터교를 국교로 선언했다. 이것이 400년 이상 지속된 조로아스터교 국가 사산조 페르시아의 시작이었다.

아르다시르는 집권 초기부터 강력한 조로아스터교 국가를 표방하였지만 그가 의도한 대로는 되지 못했다. 당시에는 파르티아 왕조가 지배하던 500년에 이르는 시간에 유입된 기독교, 불교, 미트라교 등 각 종교들이 곳곳에 뿌리를 내린 상태였다. 거기다 사산조 시대에 조로아스터교 외에도 페르시아의 전통적인 이원론에 기초한 종교인 마니교와 마즈닥교가 태동하였다. 특히 마니교는 당시 페르시아 지역에서 큰 세력을 형성하고 있었다.

마니교의 교리는 이원론의 기반 위에 기독교의 교리와 불교의 내세관을 혼합한 양상을 보였다. 19세기까지만 해도 마니교에 대한 자료가 절대적으로 부족하였으므로 오랜 시간 마니교가 기독교의 이단 종파가 아닌가 하는 추측을 해 왔다. 마니에 대한 자료는 더욱 부족하여 그나마 찾아낸 것이라곤 조로아스터교와 기독교의 기록에서 그를 '절름발이 귀신(그는 실제로 절름발이였다.)' 혹은 '귀신 들린 사람'이라고 매도하는 내용이 대부분이었다.

투루판 유적의 마니.

그러나 20세기 초 고고학

탐사대가 사막에 묻혀 있던 중국 서부 투루판(Tulufan) 지역의 마니교 수도원을 발굴하면서 방대한 양의 마니교 저작물들이 함께 발견되었다. 이집트에서는 마니가 죽은 후에 그의 강연을 모아서 편찬한 『케팔라이아(Kephalaia, 설교집)』가 발견되기도 했다. 이 문헌들은 대부분 아람어에서 팔라비어, 소그드어, 투르크어, 중국어로 번안된 것이었다. 학자들은 이렇게 모인 자료들을 통해서 마니교가 고유의 교리를 형성하고 있었으며 여러 나라에 전파된 종교였음을 알게 되었다.

**투루판 유적**

마니는 자신의 종교 사상을 담아내기 위해 새로운 언어를 만들어 냈다. 에스트란젤로(Estrangelo)라고 알려진 이 언어는 시리아어를 바탕으로 마니가 직접 만든 것이다. 이 언어는 읽기가 매우 쉬웠기 때문에 중세 이란어와 혼용하면서도 문제가 생기지 않았다. 마니는 또한 자신의 종교를 전파하기 위해 여러 지역을 여행하면서 그 지역에서 통용되던 팔라비어, 파르티아어, 발흐(Balkh)어, 소그드어 등의 다양한 언어의 저작물을 남겼다.

20세기 초 무렵인 1903년에서 1912년 사이에는 러시아, 독일, 프랑스, 영국의 많은 탐사대들이 중국의 동부인 동투르크스탄 둔황석굴에서 많은 마니교 유적을 발견했다. 이를 '투루판 유적'이라고 한다. 이곳에서 발견된 문서는 서기 10세기 것으로 마니가 만든 에스트란젤로어 외에 당시 사용되던 여러 언어들로 적혀 있다. 이를 통하여 그동안 조로아스터교와 기독교 그리고 이슬람 등에 의해 왜곡되어 알려진 마니교가 새롭게 조명되기 시작하였다.

이곳에서 발견된 중요한 문서들은 다음과 같다.

1. 『샤푸르건』: 중세 페르시아어로 쓰였으며 마니가 사산조 페르시아의 왕인 샤푸르 1세에게 헌납한 책이다.

2. 『아르잔그』: 마니가 자신의 가르침을 읽지 못하는 자들에게도 알리기 위해서 그림으로 만든 앨범과 같은 책이다. 다른 이름으로는 '아르탄그' 혹은 '아르다한그'라고 불린다.

3. 『케팔라이아』: 이집트에서도 발견되었던 책. 이집트의 콥트어로 씌어 있으며 마니의 저작물 중에 가장 중요한 가치를 지닌 설교집이다.

이 외에도 「비밀」, 「복음서」, 「회개서」 등의 문서가 발견되었다.

마니는 자신을 이전 종교들을 대체하는 세계적이고 보편적인 종교적 사상의 새로운 전달자로 생각했다. 마니는 이전에 이미 존재하고 있던 조로아스터교와 불교, 기독교의 계시들을 하나로 통합하여 보편적 믿음과 계시를 만들어 냈다고 믿었다. 마니교의 이러한 절충적 성격으로 인해 아시아와 유럽에서 타 종교를 믿고 있던 사람들도 쉽게 마니교를 받아들이고 점차로 개종을 하기 시작했다.

마니의 이러한 종교적 통합은 그가 가지고 있던 조로아스터와 부처 그리고 예수에 대한 깊은 지적 통찰에서 비롯되었다.

그는 조로아스터교의 기본 사상인 선과 악의 대결을 물질적인 것과 영적인 것의 대결로 간주하고 영적인 것이 선한 것이고 물질적인 것이 악한 것임을 주장했다. 또한 마니의 출생지인 바빌로니아에서 유행하고 있던 영지주의(Gnosticism)와 신 플라톤철학(Neo-platonism)에서도 많은 영향을 받았다.

마니의 세력이 성장해 가는 것을 두려워한 조로아스터교 사제들은 이들을 핍박했다. 로마 기독교의 성장 역사에서도 보듯이 핍박이 거셀수록 핍박받는 주체들은 더욱 견고해지고 더욱 많은 지역으로 퍼져 역동적으로 성장해 간다. 마니교도 마찬가지로 조로아스터교의 핍박을 받는 동안에 더욱 견고해져서 유럽과 북아프리카, 중앙아시아, 중국까지 퍼져 나가게 된다.

**마니교의 교리**

마니교의 기본 교리도 이원론을 근거로 한다. 조로아스터교의 이원론과 흡사하지만 선악 구분의 기준이 조금 다르다. 마니교는 물질적인 것을 배격하고 철저히 영적인 것을 추구한다. 마니교의 이원론적 투쟁은 빛으로 대표되는 선한 영적 세력과 어두움으로 상징되는 악한 물질세계의 끊임없는 싸움이다.

마니는 시대의 흐름을 세 영역으로 구분하였다. 첫 번째 시대는 인간 세계가 창조되기 이전의 시대로, 선과 악이 철저히 나뉘어 있던 시기이다. 두 번째 시대는 지금 우리가 사는 현 시대로, 어두움이 빛을 침범하여 빛의 세계가 어두움에 오염된 시기이다. 세 번째 시대는 진리와 빛이 최종 승리를 거두고 오염된 빛의 세계를 회복하여 어두움으로부터 완전히 구별되어 초기와 같은 시대로 변화되는 시기이다.

마지막 때의 징조로는 큰 전쟁이 있을 것이며 환란이 일어날 것이다. 사회는 갈등이 증폭되고 사람들은 점점 믿음을 잃어 간다. 그 뒤 세상의 유일한 빛인 예수 그리스도가 재림하여 죄인들로부터 의인들을 구별하여 낼 것이다. 이 메시아는 물질로 대표되는 악을 가두고 구원자들을 천국으로 인도한다. 그 후 선과 악의 싸움이 시작되고 세상은 그동안 볼 수 없었던 창조주 아버지의 얼굴을 보게 될 것이다.

위의 내용은 세상의 보편적인 구원에 대한 이야기이고 개인은 자신이 행한 선한 행위를 통해서만 구원을 받는다. 기독교와 절충되긴 했지만 마니교는 행위를 통한 율법적 구원의 틀을 벗어나지 못하고 있다.

인간은 본질적으로 선을 행하는 존재이지만 망각의 존재이기도 하다. 그렇기에 선을 행하는 것을 잊어버리거나 혹은 알지 못해서 죄를 지을 수 있다. 이를 다시 생각나게 해 주는 지식은 선이다. 또 따른 선으로는 형제애, 믿음, 인내, 지혜, 진리, 평화, 기쁨, 친절, 참음과 자선 등이 있다.

마니교의 내세관은 불교와 같은 윤회사상이었다. 사람들은 완벽한 선을 통해서 구원을 받기 전까지 몇 번이고 다시 태어난다. 의인은 죽은 후에 천국으로 옮겨지지만 간음, 소유, 음주, 육식, 경작과 추수 등 육의 것을 즐기고 좋아했던 사람들은 육체로 다시 태어나는 벌을 받는다. 다시 물질세계에 육체를 입고 태어나는 것이 곧 형벌인 것이다. 고로 마니교에서 최고의 덕은 세상과 단절된 삶이다.

## 마니의 일생과 마니교의 확산

마니는 파르티아 시대인 서기 216년 4월 16일 바빌로니아 북부 지역에서 태어났다. 그의 아버지 파티그(Pattig)는 메디아 왕국의 수도 하마단(Hamadan) 출신이고 어머니 마리얌(Maryam)은 파르티아 왕실 가문인 캄사라간(Kamsaragan) 출신으로 알려져 있다. '마니'는 아람어 이름으로 당시 통용되던 공용어 중 하나였다.

그는 자신에 대해 12살 소년 시절에 쌍둥이라고 불리는 거룩한 영에게 진리를 계시받았다고 말한다. 이 계시는 마니교의 근간이 된다. 그가 처음 계시를 받은 해는 228년으로 아르다시르 바바칸이 파르티아를 멸망시키고 사산조 페르시아를 건국한 초기 무렵이었다. 그리고 12년 후 다시 그 거룩한 영이 마니에게 나타나 이번에는 그가 계시한 진리를 전파할 것을 명령했다고 한다. 그는 아버지와 형들에게 자신이 받은 계시를 설명한 후에 이란의 동부 지역으로 전도 여행을 떠난다. 그는 이 여행에서 바다를 건너 인도까지 갔다 왔으며 투란[Turan, 현재 이란의 발루치스탄(Baluchistan) 지역]에서는 그 지역의 왕을 개종시키는 큰 결실을 맺기도 했다.

샤푸르 1세가 아르다시르 바바칸을 이어 왕이 된 242년 그는 다시 파르스[Fars, 현재 시라즈(Shiraz)를 주도로 하는 파르스 주 지역] 지역으로 돌아온다. 그리고 이곳에서부터 자신의 고향인 바빌로니아 지역까지 도보 여행을 하며 마니교를 전파한다. 물론 마니의 전도에 저항이 있기도 했지만 그럭저럭 성공적으로 첫 번째 여행을 마쳤다.

그런 후 곧 파르스 지역으로 두 번째 전도 여행을 떠났다. 이 여행지에는 메디아(현재 이란의 하마단 주 인근 지역)가 포함되었는데 그곳은 전도에 대한 저항이 극심했다. 하지만 여기서 샤푸르의 동생인 페로즈(Peroz)가 마니교를 믿게 되면서 페로즈의 주선으로 샤푸르에게 마니교를 소개하는 기회를 갖는다. 마니의 설교집인 『케팔라이아』에 따르면 샤푸르 1세는 마니를 크테시폰(Ctesiphon)의 자신의 왕궁으로 세 번 불러서 마니의 가르침을 경청했다. 그리고 마지막으로 불렀을 때는 그를 궁정 사제의 일원으로 임명하고 그에게 사산조 페르시아 지역에서 제한받지 않고 마니교를 전파할 수 있는 특권을 내렸다고 한다.

이어지는 기록을 보면 그는 그 이후 궁정에서 샤푸르 1세와 많은 시간을 보냈으며 비샤푸르(Bishapur)에 잡혀와 있던 로마의 황제 발레리아누스와도 함께 지냈다. 그는 샤푸르 1세와 함께하지 않는 시간에는 페르시아 전역뿐 아니라 로마와의 접경인 아디아베네[Adiabene, 현재 이라크의 아르빌(Arbil)-자이툰 부대가 주둔했던 지역]까지 전도 여행을 다녔다. 여행을 하면서 마니교를 전파했을 뿐만 아니라 병든 자를 돌보고 고쳐 주었다. 그는 계

마니와 그의 제자들.

속 포교 활동을 하여 말년에는 샤푸르 1세의 동생 중에 메세네(Mesene) 지역의 왕이었던 메흐르샤(Mihrshah)까지 개종시켰다.

244년에서 261년 사이에는 마니 자신은 주로 웨-아르다시르(Weh-Ardashir) 지역에 머무르면서 선교사들을 각 지역으로 보냈다. 먼저, 이집트에 아다(Adda)와 파티그(Pattig, 마니의 아버지로 추정)를 책임자로 임명하여 선교사들을 보냈다. 이들은 이집트 선교에 큰 성공을 거두고 멀리 알렉산드리아까지 마니교를 전파했다. 두 번째 선교단은 암모(Ammo)를 주축으로 하여 이란의 북동부 지역으로 퍼져 갔다. 세 번째 선교단은 카르쿡(Karkuk) 지역에서 기독교인들을 개종시키기도 했다. 기록에는 남지 않았지만 이들 외에도 수많은 사람들이 마니교를 전파하기 위해 각 지역으로 흩어져 나갔다.

샤푸르 1세가 죽은 273년 무렵, 사산조 페르시아의 국교는 조로아스터교였음에도 불구하고 마니교는 페르시아 지역에 안정적인 기반을 갖추고 있었다. 샤푸르 1세가 죽은 후 그의 아들 호르모즈(Hormoz) 1세가 왕위를 계승한다. 이 기간 동안 마니는 자신의 고향인 바빌로니아 지역으로 잠시 돌아온다. 그는 바빌로니아를 떠나 티그리스 지역의 마니교 공동체를 방문하고 현재의 아흐와즈(Ahwaz)인 호르미즈드-아르다시르까지 여행하였다. 그는 페르시아 북동부 지역의 마니교 공동체를 방문하려 했으나 실패하고 크테시폰으로 돌아온다.

호르모즈의 급작스런 죽음으로 1년 만에 다시 동생인 바흐람(Bahram) 1세가 왕위를 계승하였다. 그는 마니교가 성장하여 조로아스터교를 위협할 지경에 이르자 위기를 느끼고 조로아스터 사제들과 마니를 살해할 계획을 세운다. 바흐람 1세의 부름을 받은 마니는 곤데 샤푸르(Gonde-shapur)에 있는 궁정으로 출두하였다. 마니는 그곳에서 카르디르를 포함한 조로아스터교 사제들과 논쟁을 벌이다 옥에 갇힌 후 26일 만에 죽임을 당하였다.

이후 사산조 말기까지의 마니교에 대한 기록은 거의 남아 있지 않다. 그러나 우리가 유추할 수 있는 것은 마니교도들이 당시 국교였던 조로아스터교로부터 끊임없는 핍박을 받고 동으로 서로 피난을 떠났을 것이라는 사실이다. 실제 마니가 바흐람 1세에게 죽임을 당한 후에 호르모즈 2세가 등극하면서 그의 극심한 핍박에 견디지 못한 많은 마니교도들이 국외 지역으로 이주하였다. 이로 인해 마니교가 사방으로 급격히 전파되어 4세기에 최전성기를 맞게 된다. 이탈리아의 시실리 섬을 비롯하여 스페인에도 이들의 교회가 세워졌으며 마니교는 유럽으로 계속 전파되었다[이때 전파되었던 마니의 가르침은 훗날 중세 유럽에서 신(新) 마니교라는 이름으로 등장하기도 한다].

기독교에서도 마니교의 영향을 받아 그의 가르침과 비슷한 이단 종파들이 생겨났다. 이들은 7세기 아르메니아 지역의 바울파(Paulicians)라는 그룹과 10세기 불가리아의 보고밀파(Bogomilists) 그리고 12세기 프랑스의 카사(Cathars)라는 그룹이다. 고대 기독교 사회의 가장 유명한 교부 중 한 사람인 아우구스티누스 역시 젊은 시절에 마니교에 심취했었다.

중앙아시아이 트랜스옥시아나에서는 마니교 중심지인 바빌로니아의 영향에서 벗어나 샤오흐르미즈드(Shah-Ohrmizd)의 지도 아래 독립적인 마니교 공동체를 형성했다. 옥수스 강 너머의 마니교 공동체들은 이란에서 피난 온 마니교도들에 의해 더욱 견고히 세워져 갔다. 당시 대부분의 마니교도들은 소그드인으로, 이 지역에서 마니교는 널리 퍼졌다. 이 마니교 공동체는 6세기 말엽에 형성되어 점점 중앙아시아 지역으로 세력을 확장시켜 나갔다. 이들의 세력은 8세기 초까지 유지되었다.

8세기 무렵 아랍이 페르시아를 정복하면서 마니교에 대한 박해가 잠시 멈추자 옥수스 강 건너 이주해 갔던 페르시아 마니교도들 중 몇몇은 다시 이란으로 이주하기도 했다. 그러나 아바스(Abbasid) 왕조가 들어서면서 다시 마니교도들을 향한 핍박이 시작됐다. 바그다드에서 10세기 무렵까지 명맥을 유지하다가 대부분의 지도자들이 사마르칸트로 이주하면서 마니교는 이란 땅에서 종적을 감추었다.

그러나 중앙아시아로 이주한 이들은 당시 실크로드 무역을 주름 잡던 소그드인들을 개종시켰다. 이후로 마니교는 실크로드를 따라 전파되기 시작하였다. 694년에는 중국의 황실에까지 마니교가 전파되었고 마침내 732년 중국 지역에서 전도의 자유를 얻기에 이른다. 이란 동쪽으로 마니교가 가장 융성했던 지역은 중국 북서부의 소수민족인 위구르 왕국이다. 위구르 왕국의 황실과 귀족층들이 마니교를 열성적으로 믿었다. 이곳에 전파되었던 마니교는 몽골의 침입에도 살아남았지만 14세기 중국의 강력한 탄압에 못 이겨 자취를 감추었다.

마니교는 불교의 몇몇 분파에도 흡수되어 재림(再臨)불교 사상에 영향을 미쳤다. 마니교는 영단어에도 흔적을 남겼는데, 한곳에 심취해 있는 사람을 뜻하는 영어 마니아(Mania)도 마니교에서 유래된 것이다.

## 마니교 공동체

마니교도들은 크게 선택된 자(The Elect)와 듣는 자(The Hearer) 두 부류로 구분된다. 선택된 자들은 다시 크게 4등급으로 나뉜다. 그중 최고 종교 지도자는 마니의 후계자로 불리며 마니교의 중심지 바빌로니아에 머물렀다. 최고 종교 지도자 밑으로

12명의 사도가 있고 그 밑으로 72명의 주교가 있다. 그리고 가장 밑으로 360명의 장로가 있다.

선택된 자들은 입과 손과 가슴이 봉인된 사람들이다. 여기에서 '봉인'이라는 말은 완전히 막아서 사용하지 못하도록 한다는 의미가 아니라, 가장 순결하고 고귀한 일을 하도록 입, 손, 가슴을 구별하였음을 뜻한다. 이들은 입으로는 고기와 술 등의 부정한 음식을 삼가고, 진리만 말하였다. 손으로는 상해와 살인 그리고 전쟁을 삼갈 뿐 아니라 물질세계에서 재산의 축적을 위한 육체적 노동 등을 멀리하였다. 가슴을 정결케 하기 위해서는 성적인 관계를 맺지 않는다. 이처럼 마니교도들은 육체적이고 물질적인 것을 철저히 배격하였다.

이들은 보통 수도원에 거하며 전도 여행이나 마니교 공동체 일원들의 믿음을 굳건케 하기 위한 여행을 떠나기도 했다. 식사는 하루에 한 끼를 먹었으며, 음식은 주로 해가 진 후에 먹는 채소류였다. 겉옷은 일 년에 한 벌로 족했으며 하루에 일곱 번의 기도를 했는데 낮에는 해를 보며 밤에는 달을 보며 기도를 했다.

듣는 자들도 물론 예배 의식에 참여한다. 또한 하루 네 번의 정기적 기도, 찬양, 금식, 죄의 고백과 회개 등 종교적 규칙들도 지킨다. 그러나 이들은 육체의 삶을 위해 경작과 추수, 육신을 위한 음식의 준비 등 물질적인 것을 추구하는 죄를 범한다. 듣는 자들에게는 결혼과 육식이 허락되기도 하였다(물론 직접 죽이는 것은 용납되지 않고 누군가에게 도축된 고기를 먹어야 한다).

선택된 자들만이 죽고 나서 천국으로 들어갈 것을 기도할 수 있었으며 듣는 자들은 죽은 뒤에 선택된 자들로 다시 태어나기를 기도했다.

# 사회 개혁의 외침, 마즈닥교

대부분의 종교학자들은 마즈닥교(Mazdakism)를 창시한 마즈닥(Mazdak)을 종교인이라기보다 개혁가의 모습에 더 가깝다고 입을 모은다. 그는 모베드 출신으로 당시 국교였던 조로아스터교의 변혁을 주장하였다. 마즈닥은 사산조 페르시아 시대의 사회적 모순과 정치적 불합리성을 거침없이 비판하고 사회 개혁의 필요를 역설하였다. 그의 개혁 운동의 핵심은 불의한 법률과 부패한 전통사회의 개혁이었다. 그는 당시의 불안하고 혼란스러운 사회에 새로운 희망을 불어넣었다.

마즈닥은 서기 5세기 말경인 피루즈(Pirouz) 왕과 고바드(Gobad) 왕 시기에 마즈닥교 운동을 일으킨다. 인류 역사를 보면 새로운 사회 운동은 정치적·경제적 혼란으로 인해 시작되는 것을 자주 목격할 수 있다. 마즈닥 운동의 배경과 성장도 크게 다르지 않다.

**마즈닥의 등장과 그 배경**

서기 484년 페르시아에서 피루즈 왕이 헤프탈족과 전쟁을 벌이다 전사하여 그의 동생 발라쉬(Balash)가 왕위에 올랐다. 그러나 당시 막강한 권력을 가지고 있던 귀족, 성직자 그리고 군인들까지 발라쉬에게 등을 돌리면서 488년, 1년 만에 왕이 바뀌게 된다. 새로 즉위한 왕은 피루즈 왕의 아들로 헤프탈족에게 볼모로 끌려갔던 고바드 1세이다. 고바드 1세는 말 그대로 허수아비 왕일 뿐이었다. 어린 나이에 왕위에 올라 연륜과 국정 운영 경험이 전무(全無)하였기 때문에 실질적으로는 귀족들과 조로아스터교 사제들이 왕을 대신하여 나라를 다스렸다.

당시 페르시아는 신분제의 고착으로 모든 사회 시스템이 귀족 중심으로 돌아가고 있었다. 상류층인 귀족과 성직자 및 고위관료들은 사회의 부를 독점하다시피 하였다. 나라는 오랜 기근과 가뭄으로 피폐해질 대로 피폐해지고 전쟁에도 패한 후였다. 백성들의 삶은 말로 표현할 수 없을 정도로 고달팠지만 귀족들은 전혀 그 영향을 받지 않고 있었다. 귀족들은 부의 상징이었던 말, 의류, 땅, 집, 하인 등을 충분히 소유하고 안락한 생활을 누리고 있었으며 나날이 부를 축적하였다. 반면 하층민들은 생계를 위해 매일 고된 노동을 하고 국가사업에 필요한 노역에도 동원되었다. 전시에는 전쟁터로 징병되었으며 전쟁에 패할 경우의 배상금도 이들의 몫이었다. 신분제는 사회의 부패와 불만을 야기시키는 직접적 원인이었다. 이들을 가장 좌절케 했던 것은 부와 권력이 세습되고 계층 간 이동이 불가능해서 더 이상 소망이 없다는 사실이었다. 신분의 격차는 점점 벌어졌고 계층 간의 갈등은 날이 갈수록 심각해졌다. 여기에 가뭄과 기근이 덮치면서 사회는 걷잡을 수 없는 혼란 속에 빠져들었다.

고바드 1세는 귀족 및 성직자들의 지나친 간섭과 압력에 차츰 불만이 쌓여 가는 중이었다. 바로 이 시기에 조로아스터교 성직자였던 마즈닥을 만나게 된다. 마즈닥은 당시 대중들에게 계층 간 평등과 사회 변혁을 주장하면서 큰 인기를 얻고 있었다. 그는 사회의 근간이 되는 신분제를 정면으로 비판하면서 뛰어난 달변으로 민중들의 마음을 사로잡았다.

고바드 1세는 귀족들과 조로아스터교 성직자의 영향력에서 벗어나 스스로 힘을 키우고 사회를 개혁하려고 했다. 당시 귀족들과 성직자들은 부와 군사력을 가진 실세였다. 반면 비잔틴과 헤프탈족에게 전쟁에 패하고 많은 배상금을 지불했던 사산조 왕정은 국고가 이미 바닥난 상태였다. 군대를 자신의 편으로 끌어들일 만한 재정적 여유가 부족했던 고바드 1세는 대신 마즈닥을 등에 업고 민중의 지지를 얻으려 하였다. 고바드 1세는 전략적으로 마즈닥을 중용하였다.

고바드 왕이 마즈닥을 중용했던 또 다른 이유는 그의 종교적·개혁적 주장이 평소 고바드 왕의 사회 개혁을 위한 생각과

맞아떨어졌기 때문이다. 고바드 1세는 피루즈 선왕이 헤프탈족과의 전쟁에서 패하면서 헤프탈족에게 끌려가 2년간 볼모 생활을 했다. 헤프탈족은 당시에도 유목민의 관습을 그대로 유지하면서 자급자족하는 생활을 하고 있었다. 이들은 신분제가 없었고 사회 구조 역시 굉장히 단순했기 때문에 변화에 능동적으로 대처할 수 있었다. 고바드 왕은 헤프탈족이 강력한 국가가 될 수 있었던 이유가 단순한 사회 구조에 있다고 생각하였다. 이것은 계급사회의 병폐를 개혁하고자 했던 마즈닥의 주장이 현실로 구현된 것이나 마찬가지였다.

 마즈닥은 사회 불평등과 부조리로 인해 많은 백성들이 고통을 받는 것을 안타깝고 긍휼히 여겼다. 그는 고바드 왕에게 평등에 기초한 정의로운 사회 건설을 조언했다. 그가 말하는 평등과 정의는 물질적인 평등도 내포하고 있다. 마즈닥은 모든 인간은 창조주의 종이며 물질도 그가 창조하였으므로 소수가 그것을 누리는 것이 아니라 평등하게 나누어 모든 인간이 행복해져야 함을 역설하였다. 그러나 인간은 기본적으로 이기적인 욕구를 지녔기 때문에 이런 일들을 위해서 감시하고 조사하고 실행하는 역할을 국가가 맡아야 한다고 주장했다. 또한 노예나 종이 필요하면 계약을 통해서 필요한 기간 동안 고용을 하고 다시 자유를 주는 제도 등을 고안했다. 다시 말해, 결코 누구도 다른 사람보다 부를 독점하거나 특별한 권한을 갖지 않게 하는 것을 목표로 사회 구조를 개혁하자고 제안하였다. 고바드 1세는 전략적으로 마즈닥을 중용하고 그의 주장을 적극 반영하여 국정 개혁을 단행하였다.

## 마즈닥교의 교리

마즈닥은 가난한 하층민의 지도자이기 전에 조로아스터교의 사제였다. 그는 이미 조로아스터교의 이원론에 능통하여 마즈닥교에도 이 원리를 차용했다. 그는 세상을 선과 악의 대결장으로 보았다. 또한 선입견, 복수, 분노, 욕망, 필요를 세상을 어지럽게 하는 악한 다섯 요소로 보았다. 특히 악한 영으로 대변되는 사탄은, 위의 다섯 가지 요소를 이용하여 사람들의 마음에서 선의 가장 중요한 특징인 평등을 없애기 위해 갖은 노력을 다하는 존재로 여겼다.

마즈닥이 주장한 마즈닥교인의 가장 중요한 의무는 악에 대한 공격이다. 가장 훌륭한 공격은 금욕주의이다. 자신의 욕망을 죽이고 악한 본성을 제압하는 것이다. 인간의 육체는 악한 신 아흐리만의 어두움이 형상화한 것으로 믿었다. 육체를 최대한 죽이고 영을 육체로부터 구원해야 함을 강조했다.

마즈닥은 조로아스터교의 최고사제로서 세속화, 권력화, 기관화되어 버린 조로아스터교를 원래 가르침대로 돌려놓고자 하였다. 조로아스터교는 사회 구조와 밀접한 관련이 있기 때문에 이를 개혁하기 위해서는 사회 구조를 함께 바꾸어야 했다.

그는 사회에 퍼져 있는 슬픔과 고통을 없애기 위해 그 근원인 '소유'를 없애고 모든 물질을 '공유'할 것을 주장했다. 마즈닥교는 모든 소유의 공유를 원칙으로 한다. 때문에 마즈닥교에 반대하던 기득권층은 마즈닥교도들이 물질뿐만 아니라 부인도 공유한다며 이들이 도덕과 윤리를 무너뜨리고 있다는 비난을 하기도 했다.

마즈닥은 정의와 자비, 평등을 강조했고 그중에 평등을 가장 집중적으로 언급했다. 그는 육체적 욕망을 다스릴 것을 주장하고 세상의 만족을 철저히 배격했다. 그뿐만 아니라 생명이 있는 창조물을 귀하게 여기고 어떠한 동물도 학대하거나 생명을 빼앗지 말 것을 가르쳤다. 또한 육식을 금지하였으며 마즈닥교인들에게 철저히 자신들의 육체적 욕망을 죽이고 성품을 정화할 것을 명령하였다.

마즈닥의 가장 중요한 가르침을 두 가지로 요약하면 첫째, 당시 사회 혼란의 주요 원인이었던 계급제도를 개선하고, 둘째, 재물을 포함한 육체적·물질적 만족을 배격하자는 것이다. 마즈닥의 이러한 주장은 조로아스터교의 교리와 크게 다르지 않다. 이것이 종교학자들이 마즈닥을 종교 창시자라기보다 개혁가로 보는 또 다른 이유이다.

**마즈닥교의 최후**

아버지인 고바드 왕과 달리 그의 아들인 아누쉬르반 왕은 마즈닥교에 반감을 가지고 있었다. 그는 마즈닥교의 교세가 커지자 이들을 왕권에 가장 위협적인 존재로 간주하고 탄압했다.

더구나 마즈닥교의 확장을 경계하던 조로아스터교 사제들이 마즈닥교의 직접적인 위협을 체감하면서 탄압을 부추겼다.

마침내 조로아스터교 사제들은 마즈닥교인들을 왕이 주최하는 만찬에 오도록 속여서 마즈닥과 그의 추종자들을 잡아 처형하였다. 이때 12,000여 명에 이르는 많은 사람들이 마즈닥과 함께 처형을 당했다. 이러한 핍박에도 불구하고 마즈닥교인들은 자신의 정체를 숨긴 채 비밀리에 자신들의 교리를 지켜 나갔다. 마즈닥교는 이후에도 여러 이름으로 바꿔 가며 수 세기를 더 지속해 갔지만 결국 이슬람의 침략과 함께 자취를 감추었다.

## 주

1) 같은 의미를 가진 아리안족 국가로는 유럽의 아일랜드(Ireland)가 있다. 아일랜드도 아리안족이 서쪽으로 이동하여 만든 나라임을 증명하는 이름이다.
2) 이 노래는 『리그 베다(Rig Veda)』에서 사용한 언어와 흡사한 고대어로 만들어졌다. 참고로 리그 베다는 호메로스의 서사시, 성경과 함께 가장 오래된 책 중에 하나이다.
3) 하프트 신은 조로아스터교에서 '불멸의 성스러운 영'을 뜻하는 '아메샤 스펜타'에서 유래됐다. 'S'는 성스러움을 뜻하는 '스펜타'의 첫 글자에 해당한다.

# 프랑스엔 〈크세주〉, 일본엔 〈이와나미 문고〉, 한국에는 〈살림지식총서〉가 있습니다.

📖 전자책 | 🔍 큰글자 | 🔊 오디오북

001 미국의 좌파와 우파 | 이주영 📖🔊
002 미국의 정체성 | 김형인
003 마이너리티 역사 | 손영호
004 두 얼굴을 가진 하나님 | 김형인
005 MD | 정욱식 📖🔍
006 반미 | 김진웅
007 영화로 보는 미국 | 김성곤
008 미국 뒤집어보기 | 장석정
009 미국 문화지도 | 장석정
010 미국 메모랜덤 | 최성일
011 위대한 어머니 여신 | 장영란 📖🔍
012 변신이야기 | 김선자
013 인도신화의 계보 | 류경희 📖🔍
014 축제인류학 | 류정아 📖
015 오리엔탈리즘의 역사 | 정진농
016 이슬람 문화 | 이희수 📖🔍
017 살롱문화 | 서정복
018 추리소설의 세계 | 정규웅 🔍
019 애니메이션의 장르와 역사 | 이용배 📖
020 문신의 역사 | 조현설 📖
021 색채의 상징, 색채의 심리 | 박영수 📖🔍
022 인체의 신비 | 이성주 📖
023 생물학무기 | 배우철 📖
024 이 땅에서 우리말로 철학하기 | 이기상
025 중세는 정말 암흑기였나 | 이경재 📖🔍
026 미셸 푸코 | 양운덕 📖
027 포스트모더니즘에 대한 성찰 | 신승환 📖🔍
028 조폭의 계보 | 방성수
029 성스러움과 폭력 | 류성민 📖
030 성상 파괴주의와 성상 옹호주의 | 진형준 📖
031 UFO학 | 성시정 📖
032 최면의 세계 | 설기문 📖
033 천문학 탐구자들 | 이면우
034 블랙홀 | 이충환 📖
035 법의학의 세계 | 이윤성 📖🔍
036 양자 컴퓨터 | 이순칠 📖
037 마피아의 계보 | 안혁 📖
038 헬레니즘 | 윤진 📖🔍
039 유대인 | 정성호 📖🔍
040 M. 엘리아데 | 정진홍 📖🔍
041 한국교회의 역사 | 서정민 📖🔍
042 야훼와 바알 | 김남일 📖
043 캐리커처의 역사 | 박창석
044 한국 액션영화 | 오승욱 📖
045 한국 문예영화 이야기 | 김남석 📖
046 포켓몬 마스터 되기 | 김윤아 📖

047 판타지 | 송태현 📖
048 르 몽드 | 최연구 📖🔍
049 그리스 사유의 기원 | 김재홍 📖
050 영혼론 입문 | 이정우
051 알베르 카뮈 | 유기환 📖🔍
052 프란츠 카프카 | 편영수 📖
053 버지니아 울프 | 김희정 📖
054 재즈 | 최규용 📖
055 뉴에이지 음악 | 양한수 📖
056 중국의 고구려사 왜곡 | 최광식 📖🔍
057 중국의 정체성 | 강준영 📖🔍
058 중국의 문화코드 | 강진석 🔍
059 중국사상의 뿌리 | 장현근 📖🔍
060 화교 | 정성호 📖
061 중국인의 금기 | 장범성
062 무협 | 문현선 📖
063 중국영화 이야기 | 임대근 📖
064 경극 | 송철규 📖
065 중국적 사유의 원형 | 박정근 📖🔍
066 수도원의 역사 | 최형걸 📖
067 현대 신학 이야기 | 박만 📖
068 요가 | 류경희 📖
069 성공학의 역사 | 정해윤 📖
070 진정한 프로는 변화가 즐겁다 | 김학선 📖🔍
071 외국인 직접투자 | 송의달
072 지식의 성장 | 이한구 📖
073 사랑의 철학 | 이정은 📖
074 유교문화와 여성 | 김미영 📖
075 매체 정보란 무엇인가 | 구연상 📖🔍
076 피에르 부르디외와 한국사회 | 홍성민 📖
077 21세기 한국의 문화혁명 | 이정덕 📖
078 사건으로 보는 한국의 정치변동 | 양길현 📖🔍
079 미국을 만든 사상들 | 정경희 📖🔍
080 한반도 시나리오 | 정욱식 📖🔍
081 미국인의 발견 | 우수근 📖
082 미국의 거장들 | 김홍국 📖
083 법으로 보는 미국 | 채동배
084 미국 여성사 | 이창신 📖
085 책과 세계 | 강유원
086 유럽왕실의 탄생 | 김현수 📖🔍
087 박물관의 탄생 | 전진성 📖
088 절대왕정의 탄생 | 임승휘 📖🔍
089 커피 이야기 | 김성윤 📖🔍
090 축구의 문화사 | 이은호
091 세기의 사랑 이야기 | 안재필 📖🔍
092 반연극의 계보와 미학 | 임준서 📖

093 한국의 연출가들 | 김남석
094 동아시아의 공연예술 | 서연호
095 사이코드라마 | 김정일
096 철학으로 보는 문화 | 신응철
097 장 폴 사르트르 | 변광배
098 프랑스 문화와 상상력 | 박기현
099 아브라함의 종교 | 공일주
100 여행 이야기 | 이진홍
101 아테네 | 장영란
102 로마 | 한형곤
103 이스탄불 | 이희수
104 예루살렘 | 최창모
105 상트 페테르부르크 | 방일권
106 하이델베르크 | 곽병휴
107 파리 | 김복래
108 바르샤바 | 최건영
109 부에노스아이레스 | 고부안
110 멕시코 시티 | 정혜주
111 나이로비 | 양철준
112 고대 올림픽의 세계 | 김복희
113 종교와 스포츠 | 이창익
114 그리스 미술 이야기 | 노성두
115 그리스 문명 | 최혜영
116 그리스와 로마 | 김덕수
117 알렉산드로스 | 조현미
118 고대 그리스의 시인들 | 김헌
119 올림픽의 숨은 이야기 | 장원재
120 장르 만화의 세계 | 박인하
121 성공의 길은 내 안에 있다 | 이숙영
122 모든 것을 고객중심으로 바꿔라 | 안상헌
123 중세와 토마스 아퀴나스 | 박주영
124 우주 개발의 숨은 이야기 | 정홍철
125 나노 | 이영희
126 초끈이론 | 박재모 · 현승준
127 안토니 가우디 | 손세관
128 프랭크 로이드 라이트 | 서수경
129 프랭크 게리 | 이일형
130 리차드 마이어 | 이성훈
131 안도 다다오 | 임채진
132 색의 유혹 | 오수연
133 고객을 사로잡는 디자인 혁신 | 신언모
134 양주 이야기 | 김준철
135 주역과 운명 | 심의용
136 학계의 금기를 찾아서 | 강성민
137 미 · 중 · 일 새로운 패권전략 | 우수근
138 세계지도의 역사와 한반도의 발견 | 김상근
139 신용하 교수의 독도 이야기 | 신용하
140 간도는 누구의 땅인가 | 이성환
141 말리노프스키의 문화인류학 | 김용환
142 크리스마스 | 이영제
143 바로크 | 신정아
144 페르시아 문화 | 신규섭
145 패션과 명품 | 이재진
146 프랑켄슈타인 | 장정희
147 뱀파이어 연대기 | 한혜원
148 위대한 힙합 아티스트 | 김정훈
149 살사 | 최명호
150 모던 걸, 여우 목도리를 버려라 | 김주리
151 누가 하이카라 여성을 데리고 사누 | 김미지
152 스위트 홈의 기원 | 백지혜
153 대중적 감수성의 탄생 | 강심호
154 에로 그로 넌센스 | 소래섭
155 소리가 만들어낸 근대의 풍경 | 이승원
156 서울은 어떻게 계획되었는가 | 염복규
157 부엌의 문화사 | 함한희
158 칸트 | 최인숙
159 사람은 왜 인정받고 싶어하나 | 이정은
160 지중해학 | 박상진
161 동북아시아 비핵지대 | 이삼성 외
162 서양 배우의 역사 | 김정수
163 20세기의 위대한 연극인들 | 김미혜
164 영화음악 | 박신영
165 한국독립영화 | 김수남
166 영화와 샤머니즘 | 이종승
167 영화로 보는 불륜의 사회학 | 황혜진
168 J.D. 샐린저와 호밀밭의 파수꾼 | 김성곤
169 허브 이야기 | 조태동 · 송진희
170 프로레슬링 | 성민수
171 프랑크푸르트 | 이기식
172 바그다드 | 이동은
173 아테네인, 스파르타인 | 윤진
174 정치의 원형을 찾아서 | 최자영
175 소르본 대학 | 서정복
176 테마로 보는 서양미술 | 권용준
177 칼 마르크스 | 박영균
178 허버트 마르쿠제 | 손철성
179 안토니오 그람시 | 김현우
180 안토니오 네그리 | 윤수종
181 박이문의 문학과 철학 이야기 | 박이문
182 상상력과 가스통 바슐라르 | 홍명희
183 인간복제의 시대가 온다 | 김홍재
184 수소 혁명의 시대 | 김미선
185 로봇 이야기 | 김문상
186 일본의 정체성 | 김필동
187 일본의 서양문화 수용사 | 정하미
188 번역과 일본의 근대 | 최경옥
189 전쟁국가 일본 | 이성환
190 한국과 일본 | 하우봉
191 일본 누드 문화사 | 최유경
192 주신구라 | 이준섭
193 일본의 신사 | 박규태
194 미야자키 하야오 | 김윤아
195 애니메이션으로 보는 일본 | 박규태
196 디지털 에듀테인먼트 스토리텔링 | 강심호
197 디지털 애니메이션 스토리텔링 | 배주영
198 디지털 게임의 미학 | 전경란
199 디지털 게임 스토리텔링 | 한혜원
200 한국형 디지털 스토리텔링 | 이인화

- 201 디지털 게임, 상상력의 새로운 영토 | 이정엽
- 202 프로이트와 종교 | 권수영
- 203 영화로 보는 태평양전쟁 | 이동훈
- 204 소리의 문화사 | 김토일
- 205 극장의 역사 | 임종엽
- 206 뮤지엄건축 | 서상우
- 207 한옥 | 박명덕
- 208 한국만화사 산책 | 손상익
- 209 만화 속 백수 이야기 | 김성훈
- 210 코믹스 만화의 세계 | 박석환
- 211 북한만화의 이해 | 김성훈·박소현
- 212 북한 애니메이션 | 이대연·김경임
- 213 만화로 보는 미국 | 김기홍
- 214 미생물의 세계 | 이재열
- 215 빛과 색 | 변종철
- 216 인공위성 | 장영근
- 217 문화콘텐츠란 무엇인가 | 최연구
- 218 고대 근동의 신화와 종교 | 강성열
- 219 신비주의 | 금인숙
- 220 십자군, 성전과 약탈의 역사 | 진원숙
- 221 종교개혁 이야기 | 이성덕
- 222 자살 | 이진홍
- 223 성, 그 억압과 진보의 역사 | 윤가현
- 224 아파트의 문화사 | 박철수
- 225 권오길 교수가 들려주는 생물의 섹스 이야기 | 권오길
- 226 동물행동학 | 임신재
- 227 한국 축구 발전사 | 김성원
- 228 월드컵의 위대한 전설들 | 서준형
- 229 월드컵의 강국들 | 심재희
- 230 스포츠마케팅의 세계 | 박찬혁
- 231 일본의 이중권력, 쇼군과 천황 | 다카시로 고이치
- 232 일본의 사소설 | 안영희
- 233 글로벌 매너 | 박한표
- 234 성공하는 중국 진출 가이드북 | 우수근
- 235 20대의 정체성 | 정성호
- 236 중년의 사회학 | 정성호
- 237 인권 | 차병직
- 238 헌법재판 이야기 | 오호택
- 239 프라하 | 김규진
- 240 부다페스트 | 김성진
- 241 보스턴 | 황선희
- 242 돈황 | 전인초
- 243 보들레르 | 이건수
- 244 돈 후안 | 정동섭
- 245 사르트르 참여문학론 | 변광배
- 246 문체론 | 이종오
- 247 올더스 헉슬리 | 김효원
- 248 탈식민주의에 대한 성찰 | 박종성
- 249 서양 무기의 역사 | 이내주
- 250 백화점의 문화사 | 김인호
- 251 초콜릿 이야기 | 정한진
- 252 향신료 이야기 | 정한진
- 253 프랑스 미식 기행 | 심순철
- 254 음식 이야기 | 윤진아
- 255 비틀스 | 고영탁
- 256 현대시와 불교 | 오세영
- 257 불교의 선악론 | 안옥선
- 258 질병의 사회사 | 신규환
- 259 와인의 문화사 | 고형욱
- 260 와인, 어떻게 즐길까 | 김준철
- 261 노블레스 오블리주 | 예종석
- 262 미국인의 탄생 | 김진웅
- 263 기독교의 교파 | 남병두
- 264 플로티노스 | 조규홍
- 265 아우구스티누스 | 박경숙
- 266 안셀무스 | 김영철
- 267 중국 종교의 역사 | 박종우
- 268 인도의 신화와 종교 | 정광흠
- 269 이라크의 역사 | 공일주
- 270 르 코르뷔지에 | 이관석
- 271 김수영, 혹은 시적 양심 | 이은정
- 272 의학사상사 | 여인석
- 273 서양의학의 역사 | 이재담
- 274 몸의 역사 | 강신익
- 275 인류를 구한 항균제들 | 예병일
- 276 전쟁의 판도를 바꾼 전염병 | 예병일
- 277 사상의학 바로 알기 | 장동민
- 278 조선의 명의들 | 김호
- 279 한국인의 관계심리학 | 권수영
- 280 모건의 가족 인류학 | 김용환
- 281 예수가 상상한 그리스도 | 김호경
- 282 사르트르와 보부아르의 계약결혼 | 변광배
- 283 초기 기독교 이야기 | 진원숙
- 284 동유럽의 민족 분쟁 | 김철민
- 285 비잔틴제국 | 진원숙
- 286 오스만제국 | 진원숙
- 287 별을 보는 사람들 | 조상호
- 288 한미 FTA 후 직업의 미래 | 김준성
- 289 구조주의와 그 이후 | 김종우
- 290 아도르노 | 이종하
- 291 프랑스 혁명 | 서정복
- 292 메이지유신 | 장인성
- 293 문화대혁명 | 백승욱
- 294 기생 이야기 | 신현규
- 295 에베레스트 | 김법모
- 296 빈 | 인성기
- 297 발트3국 | 서진석
- 298 아일랜드 | 한일동
- 299 이케다 하야토 | 권혁기
- 300 박정희 | 김성진
- 301 리콴유 | 김성진
- 302 덩샤오핑 | 박형기
- 303 마거릿 대처 | 박동운
- 304 로널드 레이건 | 김형곤
- 305 셰이크 모하메드 | 최진영
- 306 유엔사무총장 | 김정태
- 307 농구의 탄생 | 손대범
- 308 홍차 이야기 | 정은희

| | | | |
|---|---|---|---|
| 309 | 인도 불교사 | 김미숙 | |
| 310 | 아힌사 | 이정호 | |
| 311 | 인도의 경전들 | 이재숙 | |
| 312 | 글로벌 리더 | 백형찬 | |
| 313 | 탱고 | 배수경 | |
| 314 | 미술경매 이야기 | 이규현 | |
| 315 | 달마와 그 제자들 | 우봉규 | |
| 316 | 화두와 좌선 | 김호귀 | |
| 317 | 대학의 역사 | 이광주 | |
| 318 | 이슬람의 탄생 | 진원숙 | |
| 319 | DNA분석과 과학수사 | 박기원 | |
| 320 | 대통령의 탄생 | 조지형 | |
| 321 | 대통령의 퇴임 이후 | 김형곤 | |
| 322 | 미국의 대통령 선거 | 윤용희 | |
| 323 | 프랑스 대통령 이야기 | 최연구 | |
| 324 | 실용주의 | 이유선 | |
| 325 | 맥주의 세계 | 원융희 | |
| 326 | SF의 법칙 | 고장원 |
| 327 | 원효 | 김원명 | |
| 328 | 베이징 | 조창완 | |
| 329 | 상하이 | 김윤희 | |
| 330 | 홍콩 | 유영하 | |
| 331 | 중화경제의 리더들 | 박형기 | |
| 332 | 중국의 엘리트 | 주장환 | |
| 333 | 중국의 소수민족 | 정재남 |
| 334 | 중국을 이해하는 9가지 관점 | 우수근 | |
| 335 | 고대 페르시아의 역사 | 유흥태 |
| 336 | 이란의 역사 | 유흥태 |
| 337 | 에스파한 | 유흥태 |
| 338 | 번역이란 무엇인가 | 이향 | |
| 339 | 해체론 | 조규형 |
| 340 | 자크 라캉 | 김용수 | |
| 341 | 하지홍 교수의 개 이야기 | 하지홍 | |
| 342 | 다방과 카페, 모던보이의 아지트 | 장유정 | |
| 343 | 역사 속의 채식인 | 이광조 (절판) |
| 344 | 보수와 진보의 정신분석 | 김용신 | |
| 345 | 저작권 | 김기태 |
| 346 | 왜 그 음식은 먹지 않을까 | 정한진 | |
| 347 | 플라멩코 | 최명호 |
| 348 | 월트 디즈니 | 김지영 | |
| 349 | 빌 게이츠 | 김익현 | |
| 350 | 스티브 잡스 | 김상훈 | |
| 351 | 잭 웰치 | 하정필 | |
| 352 | 워렌 버핏 | 이민주 |
| 353 | 조지 소로스 | 김성진 | |
| 354 | 마쓰시타 고노스케 | 권혁기 | |
| 355 | 도요타 | 이우광 |
| 356 | 기술의 역사 | 송성수 |
| 357 | 미국의 총기 문화 | 손영호 | |
| 358 | 표트르 대제 | 박지배 |
| 359 | 조지 워싱턴 | 김형곤 | |
| 360 | 나폴레옹 | 서정복 | |
| 361 | 비스마르크 | 김장수 |
| 362 | 모택동 | 김승일 | |
| 363 | 러시아의 정체성 | 기연수 | |
| 364 | 너는 시방 위험한 로봇이다 | 오은 | |
| 365 | 발레리나를 꿈꾼 로봇 | 김선혁 | |
| 366 | 로봇 선생님 가라사대 | 안동근 |
| 367 | 로봇 디자인의 숨겨진 규칙 | 구신애 |
| 368 | 로봇을 향한 열정, 일본 애니메이션 | 안병욱 | |
| 369 | 도스토예프스키 | 박영은 | |
| 370 | 플라톤의 교육 | 장영란 | |
| 371 | 대공황 시대 | 양동휴 |
| 372 | 미래를 예측하는 힘 | 최연구 | |
| 373 | 꼭 알아야 하는 미래 질병 10가지 | 우정헌 | |
| 374 | 과학기술의 개척자들 | 송성수 |
| 375 | 레이첼 카슨과 침묵의 봄 | 김재호 | |
| 376 | 좋은 문장 나쁜 문장 | 송준호 | |
| 377 | 바울 | 김호경 |
| 378 | 테킬라 이야기 | 최명호 | |
| 379 | 어떻게 일본 과학은 노벨상을 탔는가 | 김범성 | |
| 380 | 기후변화 이야기 | 이유진 | |
| 381 | 샹송 | 전금주 |
| 382 | 이슬람 예술 | 전완경 |
| 383 | 페르시아의 종교 | 유흥태 |
| 384 | 삼위일체론 | 유해무 | |
| 385 | 이슬람 율법 | 공일주 | |
| 386 | 금강경 | 곽철환 | |
| 387 | 루이스 칸 | 김낙중 · 정태용 | |
| 388 | 톰 웨이츠 | 신주현 | |
| 389 | 위대한 여성 과학자들 | 송성수 | |
| 390 | 법원 이야기 | 오호택 | |
| 391 | 명예훼손이란 무엇인가 | 안상운 | |
| 392 | 사법권의 독립 | 조지형 | |
| 393 | 피해자학 강의 | 장규원 | |
| 394 | 정보공개란 무엇인가 | 안상운 | |
| 395 | 적정기술이란 무엇인가 | 김정태 · 홍성욱 | |
| 396 | 치명적인 금융위기, 왜 유독 대한민국인가 | 오형규 | |
| 397 | 지방자치단체, 돈이 새고 있다 | 최인욱 | |
| 398 | 스마트 위험사회가 온다 | 민경식 | |
| 399 | 한반도 대재난, 대책은 있는가 | 이정직 | |
| 400 | 불안사회 대한민국, 복지가 해답인가 | 신광영 | |
| 401 | 21세기 대한민국 대외전략 | 김기수 | |
| 402 | 보이지 않는 위협, 종북주의 | 류현수 | |
| 403 | 우리 헌법 이야기 | 오호택 | |
| 404 | 핵심 중국어 간체자(簡體字) | 김현정 | |
| 405 | 문화생활과 문화주택 | 김용범 | |
| 406 | 미래주거의 대안 | 김세용 · 이재준 |
| 407 | 개방과 폐쇄의 딜레마, 북한의 이중적 경제 | 남성욱·정유석 |
| 408 | 연극과 영화를 통해 본 북한 사회 | 민병욱 |
| 409 | 먹기 위한 개방, 살기 위한 핵외교 | 김계동 | |
| 410 | 북한 정권 붕괴 가능성과 대비 | 전경주 | |
| 411 | 북한을 움직이는 힘, 군부의 패권경쟁 | 이영훈 | |
| 412 | 인민의 천국에서 벌어지는 인권유린 | 허만호 | |
| 413 | 성공을 이끄는 마케팅 법칙 | 추성엽 |
| 414 | 커피로 알아보는 마케팅 베이직 | 김민주 | |
| 415 | 쓰나미의 과학 | 이호준 | |
| 416 | 20세기를 빛낸 극작가 20인 | 백승무 | |

| 417 20세기의 위대한 지휘자 | 김문경 📖🔍
| 418 20세기의 위대한 피아니스트 | 노태헌 📖🔍
| 419 뮤지컬의 이해 | 이동섭 📖
| 420 위대한 도서관 건축 순례 | 최정태 📖🔍
| 421 아름다운 도서관 오디세이 | 최정태 📖🔍
| 422 롤링 스톤즈 | 김기범 📖
| 423 서양 건축과 실내디자인의 역사 | 천진희 📖
| 424 서양 가구의 역사 | 공혜원 📖
| 425 비주얼 머천다이징&디스플레이 디자인 | 강희수
| 426 호감의 법칙 | 김경호 📖
| 427 시대의 지성, 노암 촘스키 | 임기대 📖
| 428 역사로 본 중국음식 | 신계숙 📖🔍
| 429 일본요리의 역사 | 박병학 📖🔍
| 430 한국의 음식문화 | 도현신 📖
| 431 프랑스 음식문화 | 민혜련 📖
| 432 중국차 이야기 | 조은아 📖🔍
| 433 디저트 이야기 | 안호기 📖
| 434 치즈 이야기 | 박승용 📖
| 435 면(麵) 이야기 | 김한송 📖🔍
| 436 막걸리 이야기 | 정은숙 📖🔍
| 437 알렉산드리아 비블리오테카 | 남태우 📖
| 438 개헌 이야기 | 오호택 📖
| 439 전통 명품의 보고, 규장각 | 신병주 📖🔍
| 440 에로스의 예술, 발레 | 김도윤 📖
| 441 소크라테스를 알라 | 장영란 📖
| 442 소프트웨어가 세상을 지배한다 | 김재호 📖
| 443 국제난민 이야기 | 김철민 📖
| 444 셰익스피어 그리고 인간 | 김도윤 📖
| 445 명상이 경쟁력이다 | 김필수 📖🔍
| 446 갈매나무의 시인 백석 | 이숭원 📖
| 447 브랜드를 알면 자동차가 보인다 | 김흥식 📖
| 448 파이온에서 힉스 입자까지 | 이강영 📖
| 449 알고 쓰는 화장품 | 구희연 📖
| 450 희망이 된 인문학 | 김호연 📖
| 451 한국 예술의 큰 별 동랑 유치진 | 백형찬 📖
| 452 경허와 그 제자들 | 우봉규 📖🔍
| 453 논어 | 윤홍식 📖🔍
| 454 장자 | 이기동 📖🔍
| 455 맹자 | 장현근 📖🔍
| 456 관자 | 신창호 📖🔍
| 457 순자 | 윤무학 📖🔍
| 458 미사일 이야기 | 박준복 📖
| 459 사주(四柱) 이야기 | 이지형 📖🔍
| 460 영화로 보는 로큰롤 | 김기범 📖
| 461 비타민 이야기 | 김정환 📖
| 462 장군 이순신 | 도현신 📖🔍
| 463 전쟁의 심리학 | 이윤규 📖
| 464 미국의 장군들 | 여영무 📖
| 465 첨단무기의 세계 | 양낙규 📖
| 466 한국무기의 역사 | 이내주 📖
| 467 노자 | 임헌규 📖🔍
| 468 한비자 | 윤찬원 📖🔍
| 469 묵자 | 박문현 📖🔍
| 470 나는 누구인가 | 김용신 📖🔍

| 471 논리적 글쓰기 | 여세주 📖
| 472 디지털 시대의 글쓰기 | 이강룡 🔍
| 473 NLL을 말하다 | 이상철 📖
| 474 뇌의 비밀 | 서유헌 📖🔍
| 475 버트런드 러셀 | 박병철 📖
| 476 에드문트 후설 | 박인철 📖
| 477 공간 해석의 지혜, 풍수 | 이지형 📖🔍
| 478 이야기 동양철학사 | 강성률 📖
| 479 이야기 서양철학사 | 강성률 📖🔍
| 480 독일 계몽주의의 유학적 기초 | 전홍석 📖
| 481 우리말 한자 바로쓰기 | 안광희 📖🔍
| 482 유머의 기술 | 이상훈 📖
| 483 관상 | 이태룡 📖
| 484 가상학 | 이태룡 📖
| 485 역경 | 이태룡 📖
| 486 대한민국 대통령들의 한국경제 이야기1 | 이장규 📖🔍
| 487 대한민국 대통령들의 한국경제 이야기2 | 이장규 📖🔍
| 488 별자리 이야기 | 이형철 외 📖🔍
| 489 셜록 홈즈 | 김재성 📖
| 490 역사를 움직인 중국 여성들 | 이양자 📖🔍
| 491 중국 고전 이야기 | 문승용 📖
| 492 발효 이야기 | 이미란 📖🔍
| 493 이승만 평전 | 이주영 📖🔍
| 494 미군정시대 이야기 | 차상철 📖🔍
| 495 한국전쟁사 | 이희진 📖🔍
| 496 정전협정 | 조성훈 📖🔍
| 497 북한 대남 침투도발사 | 이윤규 📖
| 498 수상 | 이태룡 📖
| 499 성명학 | 이태룡 📖
| 500 결혼 | 남정욱 📖
| 501 광고로 보는 근대문화사 | 김병희 📖
| 502 시조의 이해 | 임형선 📖
| 503 일본인은 왜 속마음을 말하지 않을까 | 임영철 📖
| 504 내 사랑 아다지오 | 양태조 📖
| 505 수프림 오페라 | 김도윤 📖
| 506 바그너의 이해 | 서정원 📖
| 507 원자력 이야기 | 이정익 📖
| 508 이스라엘과 창조경제 | 정성호 📖
| 509 한국 사회 빈부의식은 어떻게 변했는가 | 김용신 📖
| 510 요하문명과 한반도 | 우실하 📖
| 511 고조선왕조실록 | 이희진 📖
| 512 고구려조선왕조실록 1 | 이희진 📖
| 513 고구려조선왕조실록 2 | 이희진 📖
| 514 백제왕조실록 1 | 이희진 📖
| 515 백제왕조실록 2 | 이희진 📖
| 516 신라왕조실록 1 | 이희진 📖
| 517 신라왕조실록 2 | 이희진
| 518 신라왕조실록 3 | 이희진
| 519 가야왕조실록 | 이희진 📖
| 520 발해왕조실록 | 구난희 📖
| 521 고려왕조실록 1 (근간)
| 522 고려왕조실록 2 (근간)
| 523 조선왕조실록 1 | 이성무 📖🔍
| 524 조선왕조실록 2 | 이성무 📖🔍

525 조선왕조실록 3 | 이성무 📖🔍
526 조선왕조실록 4 | 이성무 📖🔍
527 조선왕조실록 5 | 이성무 📖🔍
528 조선왕조실록 6 | 편집부 📖🔍
529 정한론 | 이기용
530 청일전쟁 | 이성환
531 러일전쟁 | 이성환
532 이슬람 전쟁사 | 진원숙 📖
533 소주이야기 | 이지형 📖
534 북한 남침 이후 3일간, 이승만 대통령의 행적 | 남정옥
535 제주 신화 1 | 이석범
536 제주 신화 2 | 이석범
537 제주 전설 1 | 이석범 (절판)
538 제주 전설 2 | 이석범 (절판)
539 제주 전설 3 | 이석범 (절판)
540 제주 전설 4 | 이석범 (절판)
541 제주 전설 5 | 이석범 (절판)
542 제주 민담 | 이석범
543 서양의 명장 | 박기련 📖
544 동양의 명장 | 박기련 📖
545 루소, 교육을 말하다 | 고봉만·황성원 📖
546 철학으로 본 앙트러프러너십 | 전인수 📖
547 예술과 앙트러프러너십 | 조명계 📖
548 예술마케팅 | 전인수 📖
549 비즈니스상상력 | 전인수 📖
550 개념설계의 시대 | 전인수 📖
551 미국 독립전쟁 | 김형곤 📖
552 미국 남북전쟁 | 김형곤 📖
553 초기불교 이야기 | 곽철환 📖
554 한국가톨릭의 역사 | 서정민 📖
555 시아 이슬람 | 유흥태 📖
556 스토리텔링에서 스토리두잉으로 | 윤주 📖
557 백세시대의 지혜 | 신현동
558 구보 씨가 살아온 한국 사회 | 김병희 📖
559 정부광고로 보는 일상생활사 | 김병희
560 정부광고의 국민계몽 캠페인 | 김병희
561 도시재생이야기 | 윤주 📖🔍
562 한국의 핵무장 | 김재엽 📖
563 고구려 비문의 비밀 | 정호섭 📖
564 비슷하면서도 다른 한중문화 | 장범성 📖
565 급변하는 현대 중국의 일상 | 장시·리우린,장범성
566 중국의 한국 유학생들 | 왕링원, 장범성
567 밥 딜런 그의 나라에는 누가 사는가 | 오민석 📖
568 언론으로 본 정부 정책의 변천 | 김병희
569 전통과 보수의 나라 영국 1-영국 역사 | 한일동 📖
570 전통과 보수의 나라 영국 2-영국 문화 | 한일동 📖
571 전통과 보수의 나라 영국 3-영국 현대 | 김언조 📖
572 제1차 세계대전 | 윤형호
573 제2차 세계대전 | 윤형호
574 라벨로 보는 프랑스 포도주의 이해 | 전경준
575 미셸 푸코, 말과 사물 | 이규현
576 프로이트, 꿈의 해석 | 김석
577 왜 5왕 | 홍성화
578 소가씨 4대 | 나행주
579 미나모토노 요리토모 | 남기학
580 도요토미 히데요시 | 이계황
581 요시다 쇼인 | 이희복 📖
582 시부사와 에이이치 | 양의모
583 이토 히로부미 | 방광석
584 메이지 천황 | 박진우
585 하라 다카시 | 김영숙
586 히라쓰카 라이초 | 정애영
587 고노에 후미마로 | 김봉식
588 모방이론으로 본 시장경제 | 김진식
589 보들레르의 풍자적 현대문명 비판 | 이건수 📖
590 원시유교 | 한성구
591 도가 | 김대근
592 춘추전국시대의 고민 | 김현주
593 사회계약론 | 오수웅
594 조선의 예술혼 | 백형찬 📖

## 페르시아의 종교 조로아스터교·미트라교·마니교·마즈닥교

| 펴낸날 | 초판 1쇄 2010년 5월 25일 |
| --- | --- |
| | 초판 6쇄 2022년 9월 30일 |

| 지은이 | 유흥태 |
| --- | --- |
| 펴낸이 | 심만수 |
| 펴낸곳 | (주)살림출판사 |
| 출판등록 | 1989년 11월 1일 제9-210호 |

| 주소 | 경기도 파주시 광인사길 30 |
| --- | --- |
| 전화 | 031-955-1350   팩스 031-624-1356 |
| 홈페이지 | http://www.sallimbooks.com |
| 이메일 | book@sallimbooks.com |

| ISBN | 978-89-522-1440-9  04080 |
| --- | --- |
| | 978-89-522-0096-9  04080(세트) |

※ 값은 뒤표지에 있습니다.
※ 잘못 만들어진 책은 구입하신 서점에서 바꾸어 드립니다.

# 함께 읽으면 좋은 책
## 종교·신화·인류학

### 384 삼위일체론

eBook

유해무(고려신학대학교 교수)

기독교에서 믿는 하나님은 어떤 존재일까? 성부 하나님과 성자 예수, 그리고 성령이 계시며, 이분들이 한 하나님임을 이야기하는 삼위일체론은 기독교 교회가 믿고 고백하는 핵심 교리다. 신구약 성경에 이 교리가 어떻게 나타나 있으며, 초기 기독교 교회의 예배와 의식에서 어떻게 구현되었고, 2천 년 동안의 교회 역사를 통해 어떤 도전과 변화를 겪으며 정식화되었는지를 일목요연하게 정리했다.

### 315 달마와 그 제자들

eBook

우봉규(소설가)

동아시아 불교의 특징은 선(禪)이다. 그리고 선 전통의 터를 닦은 이가 달마와 그에서 이어지는 여섯 조사들이다. 이 책은 달마, 혜가, 승찬, 도신, 홍인, 혜능으로 이어지는 선승들의 이야기를 통해 선불교의 기본사상을 이해하도록 돕는다.

### 041 한국교회의 역사

eBook

서정민(연세대 신학과 교수)

국내 전체인구의 25%를 점하고 있는 기독교. 하지만 우리는 한국 기독교의 역사에 대해서 너무나 무지하다. 이 책은 한국에 기독교가 처음 소개되던 당시의 수용과 갈등의 역사, 일제의 점령과 3·1운동 그리고 6·25 전쟁 등 굵직굵직한 한국사에서의 기독교의 역할과 저항, 한국 기독교가 분열되고 성장해 왔던 과정 등을 소개한다.

### 067 현대 신학 이야기

eBook

박만(부산장신대 신학과 교수)

이 책은 현대 신학의 대표적인 학자들과 최근의 신학계의 흐름을 해설한다. 20세기 전반기의 대표적인 신학자인 칼 바르트와 폴 틸리히, 디트리히 본회퍼, 그리고 현대 신학의 중요한 흐름인 해방신학과 과정신학 및 생태계 신학 등이 지닌 의미와 한계가 무엇인지를 친절하게 소개하고 있다.

# 종교·신화·인류학

## 099 아브라함의 종교 유대교|기독교|이슬람교

eBook

공일주(요르단대 현대언어과 교수)

이 책은 유대교, 이슬람교, 기독교가 아브라함이라는 동일한 뿌리에서 갈라져 나왔다는 점에 주목한다. 저자는 이를 추적함으로써 각각의 종교를 그리고 그 종교에서 나온 정치적, 역사적 흐름을 설명한다. 이스라엘과 팔레스타인으로 대변되는 다툼의 중심에는 신이 아브라함에게 그 땅을 주겠다는 약속이 있음을 명쾌하게 밝히고 있다.

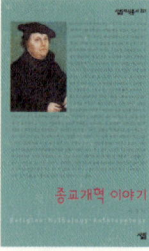

## 221 종교개혁 이야기

eBook

이성덕(배재대 복지신학과 교수)

종교개혁은 단지 교회사적인 사건이 아닌, 유럽의 종교·사회·정치적 지형도를 바꾸어 놓은 사건이다. 이 책은 16세기 극렬한 투쟁 속에서 생겨난 개신교와 로마 카톨릭 간의 분열을 그 당시 치열한 삶을 살았던 개혁가들의 투쟁을 통해 보여 주고 있다. 마르틴 루터, 츠빙글리, 칼빈으로 이어지는 종파적 대립과 종교전쟁의 역사들이 한 편의 소설처럼 펼쳐진다.

## 263 기독교의 교파

남병두(침례신학대학교 교수)

하나의 교회가 역사적으로 어떻게 다양한 교파로 발전해왔는지를 한눈에 보여주는 책. 교회의 시작과 이단의 출현, 신앙 논쟁과 이를 둘러싼 갈등 등이 파노라마처럼 펼쳐진다. 사도행전에 나타난 교회의 시작과 이단의 출현에서부터 초기 교회의 분열, 로마가톨릭과 동방정교회의 분열, 16세기 종교개혁을 지나 18세기의 감리교와 성결운동까지 두루 살펴본다.

## 386 금강경

곽철환(동국대 인도철학과 졸업)

『금강경』은 대한불교조계종이 근본 경전으로 삼는 소의경전(所依經典)이다. 『금강경』의 핵심은 지혜의 완성이다. 즉 마음에 각인된 고착 관념이 허물어져 어디에도 집착하지 않는 상태를 말한다. 이 책은 구마라집의 『금강반야바라밀경』을 저본으로 삼아 해설했으며, 기존 번역의 문제점까지 일일이 지적해 독자들의 이해를 돕고자 했다.

## 종교·신화·인류학

### 013 인도신화의 계보 eBook

류경희(서울대 강사)

살아 있는 신화의 보고인 인도 신들의 계보와 특성, 신화 속에 담긴 사상과 가치관, 인도인의 세계관을 쉽게 설명한 책. 우주와 인간의 관계에 대한 일원론적 이해, 우주와 인간 삶의 순환적 시간관, 사회와 우주의 유기적 질서체계를 유지하려는 경향과 생태주의적 삶의 태도 등이 소개된다.

---

### 309 인도 불교사 붓다에서 암베드카르까지 eBook

김미숙(동국대 강사)

가우타마 붓다와 그로부터 시작된 인도 불교의 역사를 흥미롭고도 일목요연하게 정리한 책. 붓다가 출가해서, 그를 따르는 무리들이 생겨나고, 붓다가 생애를 마친 후 그 말씀을 보존하기 위해 경전을 만든 등의 이야기들이 한눈에 들어온다. 또한 최근 인도에서 다시 불고 있는 불교의 바람에 대해 소개된다.

---

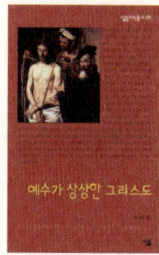

### 281 예수가 상상한 그리스도

김호경(서울장신대학교 교수)

예수가 그리스도라는 것은 어떤 의미인가? 이 책은 신앙적 고백과 백과사전적 지식 사이에서 현재 예수 그리스도가 가진 의미를 묻고 있다. 저자는 이러한 문제의식을 바탕으로 예수가 보여준 질서와 가치가 우리와 얼마나 다른지, 그를 따르는 것이 왜 우리에게 익숙하지 않은 일인지를 보여주고 있다.

---

### 346 왜 그 음식은 먹지 않을까 eBook

정한진(창원전문대 식품조리과 교수)

세계에는 수많은 금기음식들이 있다. 유대인과 이슬람교도들은 돼지고기를 먹지 않고, 힌두교도의 대부분은 소고기를 먹지 않는다. 개고기 식용에 관해서도 말들이 많다. 그들은 왜 그 음식들을 먹지 않는 것일까? 음식 금기 현상에 접근하는 다양한 방식을 통해 그 유래와 문화적 배경을 살펴보자.

# 종교·신화·인류학

**eBook** 표시가 되어있는 도서는 전자책으로 구매가 가능합니다.

- 011 위대한 어머니 여신 | 장영란 eBook
- 012 변신이야기 | 김선자
- 013 인도신화의 계보 | 류경희 eBook
- 014 축제인류학 | 류정아 eBook
- 029 성스러움과 폭력 | 류성민 eBook
- 030 성상 파괴주의와 성상 옹호주의 | 진형준 eBook
- 031 UFO학 | 성시정 eBook
- 040 M. 엘리아데 | 정진홍 eBook
- 041 한국교회의 역사 | 서정민 eBook
- 042 야웨와 바알 | 김남일 eBook
- 066 수도원의 역사 | 최형걸 eBook
- 067 현대 신학 이야기 | 박만 eBook
- 068 요가 | 류경희 eBook
- 099 아브라함의 종교 | 공일주 eBook
- 141 말리노프스키의 문화인류학 | 김용환
- 218 고대 근동의 신화와 종교 | 강성열 eBook
- 219 신비주의 | 금인숙 eBook
- 221 종교개혁 이야기 | 이성덕 eBook
- 257 불교의 선악론 | 안옥선
- 263 기독교의 교파 | 남병두
- 264 플로티노스 | 조규홍
- 265 아우구스티누스 | 박경숙
- 266 안셀무스 | 김영철
- 267 중국 종교의 역사 | 박종우
- 268 인도의 신화와 종교 | 정광흠
- 280 모건의 가족 인류학 | 김용환
- 281 예수가 상상한 그리스도 | 김호경
- 309 인도 불교사 | 김미숙 eBook
- 310 아힌사 | 이정호
- 311 인도의 경전들 | 이재숙 eBook
- 315 달마와 그 제자들 | 우봉규 eBook
- 316 화두와 좌선 | 김호귀 eBook
- 327 원효 | 김원명
- 346 왜 그 음식은 먹지 않을까 | 정한진
- 377 바울 | 김호경 eBook
- 383 페르시아의 종교 | 유흥태
- 384 삼위일체론 | 유해무 eBook
- 386 금강경 | 곽철환
- 452 경허와 그 제자들 | 우봉규 eBook
- 500 결혼 | 남정욱 eBook

㈜살림출판사
www.sallimbooks.com
주소 경기도 파주시 문발동 522-1 | 전화 031-955-1350 | 팩스 031-955-1355